"十四五"职业教育辽宁省规划教材

民航空中乘务专业系列教材

FLIGHT SERVICE SERIES

第6版

空乘人员形体及体能训练

洪 涛　王 娜　主编
李嫱嫱　初 月　副主编
顾 骧　亢 元　张翘楚　参编

北京·旅游教育出版社

民航空中乘务专业系列教材编委会

主　任：高　宏

副主任：李　勤　　黄永宁　　姚红光　　杨　静

编　委：（以姓氏拼音为序）

安玉新	陈丹红	陈晓燕	陈振宇
成宏峰	程　茜	池锐宏	初　月
崔祥建	顾　骧	郭　蓓	韩　蕊
韩晓娜	何　蕾	何云画	洪　涛
黄建伟	黄　婧	黄天吉	贾丽娟
亢　元	李　程	李广春	李民田
李　仟	李嫱嫱	李永平	梁定召
梁悦秋	林　扬	刘　晖	刘英子
柳迪善	罗　丹	罗慧敏	聂建波
彭飞扬	石　慧	苏雅靓	孙露铭
唐小燕	田　宇	王　傲	王化峰
王　娜	吴　菁	吴啸骅	向俊峰
向　前	谢小楠	薛兵旺	闫　华
杨　柳	杨　玮	余明洋	袁圣兰
张彩霞	张　晶	张　澜	张　丽
张翘楚	张晓明	郑大莉	郑　巍

修订说明

民航空中乘务专业系列教材依据中国民航局关于空乘人员的素质、知识结构、能力要求开发和编写。作为全国首套针对空中乘务专业较为完善的系列教材,从 2006 年规划之初就一直坚持"探索教材体系、服务专业发展,创新教材内容、引领专业趋势"的指导思想。经过十几年的使用,本套教材得到了相关院校一线教师的充分肯定,获得了很好的口碑,对我国空中乘务专业的建设与人才培养发挥了重要作用。

我们欣喜地看到,在过去的十几年中,我国空中乘务专业办学层次不断提升,人才培养的内涵不断丰富,培养体系更加科学,在专业建设与教学改革方面取得了长足的进步。可以说,我国的空中乘务专业已经步入成熟发展时期。

此间,我们一直密切关注民航服务的实践,动态跟踪空中乘务专业的国内外发展趋势,不断深化对民航服务专业教育的认识。为适应未来民航服务国际化对人才培养的新要求,继续发挥本套教材对我国空乘服务专业教育的引领作用,完善教学体系和教学手段、丰富教学内容,提高教学的效率与质量,我们就教材在专业建设与人才培养中的实际效果以及毕业生在实际工作岗位上的职业发展进行了调研,在此基础上我们多次组织了工作在专业建设一线的空乘服务专业专家、教师对教材进行了修订,力图在教材的科学性、前瞻性和实用性方面有所创新,使这套空中乘务专业系列教材在未来的专业建设与人才培养方面发挥更大的作用。

本次教材修订我们主要遵循了以下原则:

1. 体现现代民航服务发展的趋势。《"十四五"民用航空发展规划》的发布全面开启了我国多领域民航强国建设的新征程。随着智慧民航建设新局面的拓展,民航服务学科的核心概念与外延正发生着变化。作为教材,必须反映这一发展趋势,摒弃传统的概念与思想,将智慧民航、绿色民航、民航安全等要素融入教材中,以发挥教材的导向作用,使教材的整体脉络更加科学、更具有前瞻性。

2. 提升教材的学科内涵。现今的空乘服务教育已从普通的专科教育为主,逐步走向本专科教育并存的格局，侧重点也开始从服务技能教育逐步向专注人才核心能力转变，学科的内涵逐渐凸显。为此，在本系列教材修订中我们适当融入了本科教学的理念，让教学内容更加体系化和饱满。

3. 教材编排模式向项目－任务式转变。项目－任务式教学模式是基于工作过程和岗位任职能力生成需要，把学习内容转化为以项目为载体、以任务为牵引的教学方式。通过强化学习者的主体地位，使学习者在完成任务的过程中，以体验、互动、合作的学习方式，感悟知识应用，形成技能技巧。这种方式更适用于职业教育教学的开展和教学目标的实现。

4. 理论与案例结合，着力于培育整体服务思想体系。空乘服务专业实践性很强，服务涉及的情境复杂，服务的艺术性凸显，教与学问题突出，理论的引领更需要案例的配合。为此，在本套教材修订过程中，除了进一步完善教材理论内容体系，还特别增加了案例的数量，并及时将最新的案例编入教材中，以为读者提供一个更为广阔的民航服务的"崭新空间"。

5. 从传统纸质教材向多媒体融合教材方向发展。我们在纸质教材的基础上，协同作者开发了配套的音频、实训视频、教学微课、延伸阅读、互动自测等多种形式的数字融媒体资源，并借助云存储及二维码链接技术进行线上呈现，极大丰富了课堂教学的形式，也更便于学习者自学。

6. 将课程思政有机融入，强调"立德"与"树人"并举。通过设定"素质目标"，或引入相关思政案例材料，来丰富教材的思政元素。

本套教材目前共有20个品种，涵盖了民航空中乘务专业的专业基础课、专业核心课及某些实训课，并在此基础上向航空运输大类方向有所拓展。另外，我们还策划出版了"现代航空物流管理系列教材"，可供学校根据专业方向进行选用。

高质量空乘服务人才的培养需要建立在科学的培养模式、学科建设、规范的课程体系以及合理的课程内容与有效的教学方法基础上。希望本套教材的修订再版能在优化民航空中乘务及相关专业培养方案、完善课程体系、丰富课程内容、传播交流有效教学方法方面尽一份绵薄之力。

对于教材使用中的问题，我们衷心希望能够得到广大师生的积极反馈及专家学者的批评指正，我们会全力以赴地不断提升教材的品质，以回报给予我们大力支持的广大师生。如有建议或疑问，欢迎发邮件至wytep@126.com。

旅游教育出版社

第 6 版前言

随着时代的发展与进步，人们生活水平的不断提高，追求形体美日益成为一种时尚，无论是年轻人、中年人还是老年人，男性还是女性，都在关注个人的"形体美"。而对于代表国家、城市形象的民航空乘人员而言，形体美则显得尤为重要。

编者在多年教授空乘人员形体及体能训练课程中，经常被学生问及如下一些问题："老师，为什么我上了形体训练课，我的体形还是没有得到很好的改观？""我总是没有时间进行锻炼怎么办？""我现在是不是还不够瘦，应当如何减肥呀？"……这些问题其实也是很多参加形体训练者会碰到的问题。因此，如何引导形体训练者正确地认识形体美，学会科学的形体训练方法与技巧，并能对自我的形体状态做出恰当的评价，成为形体及体能训练课的重中之重。

正是基于如上考虑，编者在积累了 20 多年教学经验的基础上，编写了这本针对空乘人员形体及体能训练的教材。本教材首版于 2007 年，后分别于 2011 年、2014 年、2017 年、2020 年进行了第 2 版、第 3 版、第 4 版和第 5 版修订。除了文字内容的不断更新，从第 4 版开始，本教材开始运用多媒体数字技术，将配套的教学视频采用二维码扫描的方式向读者呈现。2022 年本教材很荣幸入选了"十四五"职业教育辽宁省首批规划教材。

本次第 6 版修订后，全书仍分为五个单元：形体认知篇、形体基础篇、形体塑造篇、科学健身篇和体能训练篇，但对章节细节做了大范围修订。其中包括：增设"单元导读""励志小故事"等模块；对第一单元模块二中空乘人员面试标准进行修订；对"第二单元 形体基础篇"和"第三单元 形体塑造篇"进行了重新整合编写，除了"常见的形体缺陷与矫正方法""瑜伽身心平衡训练"以及"形体美感训练"中的"扇子舞""花球操"和"民族舞蹈"，其他文字和图片均为新内容；第四单元则在原来文字的基础上更新了全部图片。同时，本版保留了原有 14 段视频中的 9 个，又根据新编内容新增了 8 段视频，共计 17 段视频，读者可在书中扫描二维码观看相关教学示范视频，以更有效地进行模仿训练。

本教材由沈阳航空航天大学教授形体训练的一线教师洪涛、王娜、李嫱嫱、亢元、顾骥、张翘楚以及沈阳工学院教师初月编写。具体编写分工如下：

第一单元：洪涛；

第二单元：王娜；

第三单元：王娜、洪涛、李嫱嫱、顾骥、亢元、张翘楚；

第四单元：洪涛、初月；

第五单元：洪涛、王娜。

在此要感谢为本书示范训练动作的老师和大学生们，她们优美的示范图照及视频为本书增光添彩，她们是：沈阳航空航天大学民用航空学院的王娜、李嫱嫱、顾骥、亢元、张翘楚老师，李宁、苏展、梅紫涵、安雨、王冉、李晶、成程、刘童邑、刘佳杰同学，以及沈阳音乐学院的金月淇同学、沈阳体育学院的翟佳佳同学；还要特别感谢沈阳航空航天大学的邹青老师和记者团的同学们以及沈阳工学院的初月老师，是他们用镜头记录下示范者曼妙的身姿，并通过后期采编剪辑为我们呈现出美丽的动态影像。

本教材融知识性、科学性、专业性和实用性于一体，希望能尽量以通俗易懂的形式为读者提供详尽的理论认知与技术训练素材，使之既能满足民航空乘服务专业学生形体训练的需要，同时也能成为广大形体训练爱好者的良师益友。

编者

目　录

配套二维码视频资源列表 ·· IV

第一单元　形体认知篇 ··· 1
模块一　形体美概述 ··· 1
一、什么是美？ ··· 2
二、什么是形体美？ ·· 3
模块二　空乘人员形体美的职业要求 ································· 4
一、空乘人员应当具备的素质 ··· 4
二、空乘人员面试标准 ·· 5
模块三　形体美的评价标准 ··· 7
一、形体美的标准 ··· 7
二、完美的身材比例 ·· 11
三、形体测量的方法 ·· 12
四、形体比例计算法 ·· 15
模块四　形体训练的特点与训练原则 ······························· 17
一、形体训练的特点 ·· 17
二、形体训练的原则 ·· 18

第二单元　形体基础篇 ··· 21
模块一　身体的柔韧性练习 ·· 21
一、胸、腰部的柔韧性练习 ·· 22
二、下肢的柔韧性练习 ·· 24
模块二　身体的开度练习 ··· 27
一、肩的开度 ··· 27
二、胯的开度 ··· 29

模块三　身体的力量练习 ………………………………………………… 31
　　一、腹部力量练习 ……………………………………………………… 31
　　二、腰背部力量练习 …………………………………………………… 32
　　三、核心力量练习 ……………………………………………………… 33

第三单元　形体塑造篇 ………………………………………………… 35
模块一　常见的形体缺陷与矫正方法 …………………………………… 35
　　一、头颈部前伸 ………………………………………………………… 36
　　二、高低肩 ……………………………………………………………… 38
　　三、驼背 ………………………………………………………………… 39
　　四、塌腰 ………………………………………………………………… 41
　　五、脊柱侧弯 …………………………………………………………… 42
　　六、"O"形腿 …………………………………………………………… 44
　　七、"X"形腿 …………………………………………………………… 45
　　八、八字脚 ……………………………………………………………… 46
　　九、大腿过粗 …………………………………………………………… 47
模块二　形体塑形训练 …………………………………………………… 50
　　一、轻器械塑形训练 …………………………………………………… 50
　　二、普拉提身体稳定性训练 …………………………………………… 72
　　三、瑜伽身心平衡训练 ………………………………………………… 85
模块三　形体姿态训练 …………………………………………………… 96
　　一、形体姿态训练的基本概念 ………………………………………… 96
　　二、静态姿态训练 ……………………………………………………… 100
　　三、动态姿态训练 ……………………………………………………… 103
模块四　形体美感训练 …………………………………………………… 131
　　一、器械形体舞蹈 ……………………………………………………… 131
　　二、民族舞蹈 …………………………………………………………… 151

第四单元　科学健身篇 ………………………………………………… 176
模块一　健康与肥胖 ……………………………………………………… 176
　　一、如何认识肥胖 ……………………………………………………… 177
　　二、肥胖的标准 ………………………………………………………… 178

三、产生肥胖的原因 ……………………………………… 179
　　四、形体瘦身计划 ………………………………………… 181
模块二　有氧运动解析 ………………………………………… 182
　　一、什么是有氧运动 ……………………………………… 183
　　二、如何确定有氧运动量 ………………………………… 183
　　三、有氧运动应当注意的环节 …………………………… 185
　　四、有氧运动应当注意的事项 …………………………… 185
模块三　日常生活中的锻炼方法 ……………………………… 186
　　一、练习方法介绍 ………………………………………… 186
　　二、制订身体训练计划 …………………………………… 187
　　三、准备活动 ……………………………………………… 188
　　四、时时刻刻的健身操 …………………………………… 188
模块四　科学饮食方法 ………………………………………… 206
　　一、营养学的几个基本概念 ……………………………… 206
　　二、人体所需的六大营养素 ……………………………… 207
　　三、健身运动结合营养控制是减肥妙方 ………………… 216
　　四、运动饮食的热门话题 ………………………………… 222
模块五　常见的运动损伤及其防范 …………………………… 225
　　一、造成运动损伤的原因 ………………………………… 226
　　二、常见的运动损伤及处理方法 ………………………… 226
　　三、运动损伤的防范 ……………………………………… 228

第五单元　体能训练篇 …………………………………… 230
模块一　前庭耐力训练 ………………………………………… 230
　　一、什么是前庭耐力 ……………………………………… 230
　　二、前庭器官的构造 ……………………………………… 231
　　三、前庭耐力训练方法 …………………………………… 232
　　四、前庭耐力训练应遵循的原则 ………………………… 237
　　五、前庭耐力的测试与评价 ……………………………… 238
模块二　有氧耐力训练 ………………………………………… 239
　　一、有氧耐力训练方法 …………………………………… 239
　　二、有氧耐力的测试与评价 ……………………………… 264

配套二维码视频资源列表

序号	视频名称	所在章节	文中页码
01	头部姿态训练组合	第三单元模块三	106
02	上肢姿态训练组合（正面示范）	第三单元模块三	109
03	上肢姿态训练组合（背面示范）	第三单元模块三	109
04	中段姿态训练组合	第三单元模块三	113
05	综合姿态训练组合（正面示范）	第三单元模块三	126
06	综合姿态训练组合（背面示范）	第三单元模块三	126
07	器械形体舞蹈（一）：扇子舞	第三单元模块四	131
08	器械形体舞蹈（二）：纱巾舞	第三单元模块四	135
09	器械形体舞蹈（三）：球操	第三单元模块四	141
10	器械形体舞蹈（四）：花球操	第三单元模块四	144
11	维吾尔族舞蹈（一）：维吾尔族动律	第三单元模块四	154
12	维吾尔族舞蹈（二）：维吾尔族体态	第三单元模块四	156
13	蒙古族舞蹈（一）：蒙古族软手	第三单元模块四	161
14	蒙古族舞蹈（二）：蒙古族硬腕	第三单元模块四	165
15	藏族舞蹈《天路》	第三单元模块四	168
16	朝鲜族舞蹈《新阿里郎颂》	第三单元模块四	172
17	有氧耐力训练：有氧操	第五单元模块二	240

第一单元 形体认知篇

单元导读

认识美是塑造形体美的内在动力。本单元旨在从全方位角度帮助学生了解为什么要提升形体美、怎样才能提升形体美,分四个模块进行阐述:模块一通过形体美概述阐明了什么是美、什么是形体美;模块二从空乘人员应当具备的素质、空乘人员面试的标准两个方面阐明了空乘人员形体美的职业要求;模块三具体阐明了形体美的标准、完美身材比例、形体测量的方法、形体比例计算法;模块四则阐述了形体训练的特点与训练原则。

模块一 形体美概述

学习目标

1. 正确理解美的概念;
2. 懂得对形体美的欣赏。

追求形体美是人类永恒的话题,在任何民族中,没有比形体美更能让人感觉到柔性之美了。他们塑造的形象令人沉醉。形体美不是一个简单的抽象物,要想把健康和美丽掌握在自己的手中,就必须了解和掌握形体美的相关知识,领会其真谛,从而科学美体。

一、什么是美？

每个时代，人们都在以不同的民族文化谈论着美、追求着美。"美是什么？"这个看似简单的问题，却成为人类不断追问的"千古之谜"。古往今来，无数古今中外的圣贤都从不同角度言说了美的本质。孔子说"理仁为美"，毕达哥拉斯说"美是数的和谐"，柏拉图说"美在理念"，黑格尔说"美是理性的感性显现"，车尔尼雪夫斯基说"美是生活"；现代的桑塔耶那说"美是客观化的快感"，克罗齐说"美就是表现"等。为回答"美是什么"这一问题，近代中国学术界也先后形成了四种观点：主观派、客观派、主客观统一派、客观社会派。他们从哲学角度、艺术角度、伦理角度，用思维方法、实证方法、语义分析法一直在试图揭开这个谜底。但由于"美"的多样性、游移性、模糊性和差异性，迄今为止，仍不能得出公认的论断，许多美学家对此发出了无奈的叹息。

难道美的本质真的不存在吗？如果真是这样的话，为什么人们总是可以感到审美中共同和永恒的东西呢？看来，美的本质是存在的，但又是不能言说的，特别是不能给出明确定义的。正所谓："道可道，非常道。名可名，非常名。"美的本质只能在具体的时代文化中，以具体的方式逐渐显现出来。由此，美成了人类永恒的追求。

从美的产生和发展历程来看，美是一种价值，一种社会现象，所以，美的本质更多地只能从其社会属性的角度去言说。马克思认为，生产劳动不仅创造了整个世界，创造了一切物质与精神财富，而且也创造了人，创造了美，创造了艺术。美是劳动实践的产物，美伴随着人类劳动实践而产生并发展。美是人的本质力量的对象化。所谓"人的本质力量的对象化"，是指人为了生存和发展，根据自己的需要，以自由自觉的实践活动去认识世界和改造世界；人自身的力量不断外化到对象，又不断从对象之中反馈回来，最终在对象里凝结的过程。在整个过程中，对象留下了人的意志印记，它体现了人的思想、情感、愿望，又体现了人的意志和智慧。借此，人的本质力量不仅迸发、显示了而且被实现、确证了。这种凝结着人的意志与智慧的产品就像一面镜子，从中我们可以"直观自身"，并从这些可感的对象中，确证和实现自己，美和美感也由此得到确证和实现。从这个角度讲，美是人的本质力量的对象化。

二、什么是形体美？

形体美是人的本质力量在体育运动实践这个特定领域中的感性显现，它反映的是人与人自身及运动的审美关系。由于形体美是以人为审美对象，以人体运动为主要手段，因此，形体美是人的本质力量在自身的直接展示，是人的本质力量在自身的直接确证和实现。具体而言，形体美就是人的身体曲线美，是指人的躯体线条结合人的情感和品质，并通过形象、姿态展现于欣赏者眼前的一种美。形体美是由视觉器官所感知的空间性的美，其特点是感知身体外轮廓线，线的运动可以构成具有广度和厚度的空间形体。点动成线，线动成画，画动成体。

形体美是由内向外散发之美，真正的美乃肉体美与精神美的结合，而精神之美则又包括了温柔、情爱、雅量、娴静、静养等因素。因此，形体美不但要展现体形美、姿态美和动作美，还要充分展现精神美。体形美是一种自然的美，比较集中地表现在比例均衡、对称、和谐等形式上。女性以柔美和秀美的曲线为美，男性以粗犷强壮和威严为美，每个人都希望自己的体形匀称、协调、健美，这也是人们不断追求的形体美的目标。姿态是指一个人在静止或活动中所表现出来的身体姿势和举止神情。姿态美是指人体在空间运动和变化的样式，它是风度的语言、优美的姿态与造型，就像一首诗叙说着人的内心与外在世界。动作美是运动中健康能力、器官系统机能、表现能力和精神风貌的体现，是形体美的一种表现形式，它的美不仅来自各种舞姿和体育运动，还来自人们日常生活的动作美。

英国著名哲学家培根说："相貌的美高于色泽的美，而秀雅合适的动作美又高于相貌的美，这是美的精华。"体形美、姿态美、动作美是形体美的核心，体形的完美和正确的身体姿态可以促进人体外形的完美，这在某种程度上反映了有机体机能的完美程度，也反映了一个人的精神面貌和气质。形体训练是练习者通过对形体的认知，运用科学的健身理念与方法，通过各种身体练习以增进健康、增强体质、塑造体形、培养姿态、陶冶情操，它是一个有目的、有计划、有组织的教育过程。

模块二　空乘人员形体美的职业要求

> **学习目标**
> 1. 懂得空乘人员形体美的职业要求；
> 2. 明确自身学习的总体目标。

安全、快捷、舒适是航空运输的最大特点。民航空乘工作不仅是实现这一特点的一个重要部分，同时也是航空运输中直接面对乘客的窗口，它直接代表着中国民航和航空公司的形象。在日益激烈的航空市场竞争中，空乘服务质量的优劣与航空公司的效益密切相关。在"全国乘客话民航"调查活动中显示，大约有46.2%和28.3%的乘客认为空中乘务人员的优质服务有利于树立企业形象和有利于促进公司的经济效益。这说明客舱服务质量直接影响着公司的发展和生存。所以，无论从自身工作这个小方面来看，还是从航空公司、民航系统乃至国家形象的大方面来看，空乘人员都应具备良好的职业素质，只有这样才能适应新时期社会对民航业的需求。

一、空乘人员应当具备的素质

（一）形象素质

空乘人员应当具备良好的形象素质，做好航空公司的代言人。人们将一个人与另一个人第一次见面时留下的印象叫"首因效应"，又称"第一印象"。空乘人员的形象素质带给国内外旅客乘坐民航飞机的第一印象，在某种程度上体现了一个国家、一个民族的整体风貌，同时也代表了公司的形象。

（二）身体素质

空乘人员的职业需要使得他们必须长时间地经受飞机上的颠簸之苦，因此，空乘人员应当具备良好的身体素质，才能在工作中更好地为广大乘客服务。

（三）技能素质

空乘服务人员应当具有良好的民航空乘服务技能与技巧，注重体现服务的质量性、规范性、针对性和安全性等特点，更好地为乘客提供优质的服务。

（四）自身修养

空乘人员的良好风度主要体现在以下三个方面：首先，应注意仪表的整洁、端庄；其次，应当讲礼貌、举止稳重、行为文雅；最后，应谈吐风趣、有分寸。

一个人的形态、举止行为十分重要，不管自己是否意识到，人都是在用自己的整个身体语言表现自己。美国心理学家伯特·梅拉比安曾经提出一个公式，信息的全部表达=7%语言+38%声音+35%表情与动作举止。一般来说，在人的交往中，大约有55%的信息都是靠体态语言传递的。因此，空乘人员的形体与姿态的训练可以打造良好的形象素质，同时更是空乘人员职业的需要。

二、空乘人员面试标准

根据《中国民用航空人员医学标准和体检合格证管理规则》（CCAR67FS），空乘人员上岗需达到如下身体标准：

（一）美学标准

五官端正；肤色好；着夏装时暴露部位无明显疤痕和色素异常；形体匀称；下肢长超过上身长2cm以上；无明显"O"形或"X"形腿；男生身高为1.75m~1.85m（各航空公司标准略有差异，此处以南方航空公司为例）；女生身高为 1.63m~1.75m（以南方航空公司为例）；较好的语言表达能力；清晰的口齿和圆润的嗓音，声音不干、不涩、不哑、不弱等。

（二）航空医学标准

每眼视力不低于 0.5（C 字表）；无色盲、弱视、斜视；无精神病史；不晕车晕船；无口臭、腋臭；无明显的内、外八字步；无肝炎、结核、痢疾、伤寒等传染病。见表 1-2-1。

表 1-2-1 身体条件

序号	女性	男性
1	身高：163~175 厘米	身高：175~185 厘米
2	视力：任何一眼视力不低于 0.1，矫正或未矫正远视力应当达到 0.5 或以上；接受屈光性角膜手术后 3 个月，如其远视力满足标准，视力和屈光度已保持稳定、无明显的手术并发症或后遗症可评定为合格；无斜眼、无色盲；如裸眼视力不足 0.5，须配备框架眼镜矫正，在应聘时须携带框架眼镜；如视力经过屈光性角膜手术矫正，还需携带手术病历（并非诊断证明）。（注意：此处视力标准均为《C 字表》测量标准）	任何一眼未矫正远视力应当达到 0.7 或以上；接受屈光性角膜手术后 3 个月，如其远视力满足标准，视力和屈光度已保持稳定、无明显的手术并发症或后遗症可评定为合格。无斜眼、无色盲；如视力经过屈光性角膜手术矫正，还需携带手术病历（并非诊断证明）。（注意：此处视力标准为《C 字表》测量标准）
3	体重：身高（厘米数）减 110 的正负 10% 之内①	
4	五官端正、身材匀称、肤色健康	
5	无口吃，无晕车、晕船史	
6	无慢性病史、无精神病家族史、遗传病史、癫痫病史	
7	无明显的"O"形和"X"形腿；无久治不愈的皮肤病，如：头癣、湿疹、牛皮癣、慢性荨麻疹等	
8	无骨与关节疾病或畸形	
9	无肾炎、血尿、蛋白尿	
10	满足中国民用航空局颁布的《中国民用航空人员医学标准和体检合格证管理规则》（CCAR-67FS）中规定的体检标准	

（资料来源：中国南方航空公司招聘网．）

---

① 比如，一个人身高175厘米，175-110=65千克，其正负10%之内就是65千克的90%~110%，也就是说，体重要求在58.5~71.5千克。

另外，根据民航局要求，男生在取得安全员执照前须参加民航局组织的安全员初始训练考核，体能考核项目及标准如表 1-2-2 所示：

表 1-2-2 体能条件

项目	3000 米	100 米	引体向上	双杠臂屈伸	立定跳远	1 分钟屈腿仰卧起坐
标准	17′00	15″50	3 个	5 个	2 米	26 个
备注	1. 其中 1 项不达标者为总评成绩不及格。 2. 不及格者可补考一次，再不及格者不得参加本期训练。					

（资料来源：中国南方航空公司招聘网．）

模块三　形体美的评价标准

学习目标

1. 了解形体美的标准；
2. 学会形体自测的方法。

一、形体美的标准

（一）外形

- 骨骼发育正常，关节不显得粗大突出；
- 肌肉平均发达，皮下脂肪适当；
- 五官端正，与头部配合协调；
- 双肩对称，男宽女圆；
- 脊柱正视垂直，侧看曲度正常；
- 胸廓隆起、正面与侧面看略呈"V"形，女子乳房丰满而不下垂，侧看有明显曲线；

- 腰细而结实，微呈圆柱形，腹部扁平，男子有腹肌垒块隐现；
- 臀部圆满适度；
- 腿长，大腿线条柔和，小腿腓部较突出；
- 足弓高。

如图1-3-1所示。

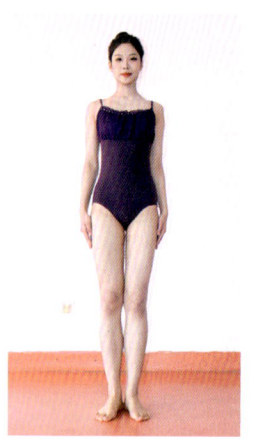

图1-3-1 外形美

（二）比例

人体美的标准比例主要是五官的比例和谐匀称，身体各部位器官比例和谐，以及胖与瘦、高与低的比例和谐。意大利画家达·芬奇说过："美感完全建立在各部分之间神圣的比例上。"因此，女性形体美的重要标志就是身体各部分的对称和恰当的比例。

1. 颈

形状：修长、线条清晰。

比例：颈长应当是脸长的一半，纤细度和长度与肩、上臂比例适中。如图1-3-2所示。

2. 肩

形状：平、正、对称、不溜肩，可看到锁骨。女子圆润的肩膀，可以突出其秀美的曲线。

比例：肩上宽于髋，腰围小于髋部。如图1-3-2和图1-3-3所示。

3. 臂

（1）前臂

形状：平滑、圆润、内外有弧线。

比例：与大臂相比为中等大小。

（2）上臂

形状：平滑、收紧时能看到肱二头肌。

比例：与全身比例相比大小适中（与上身比较）。如图1-3-3所示。

图 1-3-2 颈、肩比例和谐　　　图 1-3-3 肩、腰、髋、臂比例和谐

4. 胸

（1）胸上

形状：胸至锁骨可以看到比较明显的锁骨线，位置较高。

比例：能看到突起较丰满，轮廓向外。

（2）胸下

形状：丰满、坚挺富有弹性，可以看到明显的外圆弧形。

比例：用 B 号胸罩，适中，曲线优美，表现女性特有的魅力。如图 1-3-4 所示。

5. 背

形状：平且两边呈 V 字形至腰。

比例：与腰臀相比中等大小。见图 1-3-5 所示。

6. 腰

（1）前

形状：脂肪少而平坦、无下垂。

比例：腰线在肩部与大腿根部连线的中点，腰线适中，下腹无突出感。

（2）侧

形状：腰侧与下垂的臂有明显的平稳过渡，曲线呈 V 字形。

（3）后

形状：平、窄。如图 1-3-5 所示。

7. 臀

（1）臀下

形状：臀位高，臀部圆翘，球形上收，从臀下到大腿内侧圆滑。

比例：与腰、大腿相比比例适中，大腿后无脂肪堆积，宽度与肩齐或略比肩宽。

（2）臀上

形状：臀峰高且圆滑，腰向臀或大腿过渡平而明显。

比例：无下垂、脂肪少、大小比例适中。如图 1-3-6 所示。

  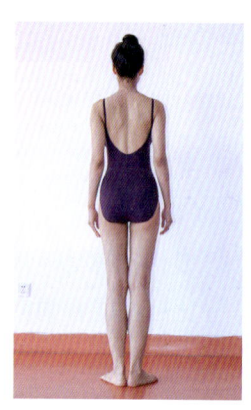

图 1-3-4 胸部比例和谐　　图 1-3-5 背部、腰部比例和谐　　图 1-3-6 臀部比例和谐

8. 大腿

形状：修长而线条柔和。

比例：躯干短腿长，重心高。腿的长度大于或等于肩部到脚底长度的 1/2。

（1）前

形状：表面平滑、有弧形、明显圆滑，向膝过渡有平滑感。

（2）内侧

形状：圆滑平润，双腿并拢时有接触点，两腿分开时中间、上面有弧线。

（3）外侧

形状：平滑、圆润、无明显肌肉。

（4）后侧

形状：有圆滑弧线、臀折线浅，从臀到小腿有明显过渡，可看到肱三头肌但不明显，无明显的脂肪堆积。如图 1-3-7 所示。

9. 小腿

形状：小腿腓肠肌在小腿上 1/3 处，肌肉线条细、平、体积小。如图 1-3-8 所示。

10. 膝

形状：平滑，膝盖周围无多余脂肪，大腿伸直后，膝盖无向上突出感。

比例：膝与大腿、小腿过渡平滑，无明显外侧突出感。如图 1-3-9 所示。

11. 踝和足

形状：踝细、足弓高。

比例：呈漏斗状，形态美观。如图 1-3-7 和图 1-3-8 所示。

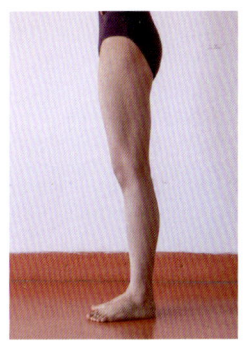
图 1-3-7 大腿比例和谐

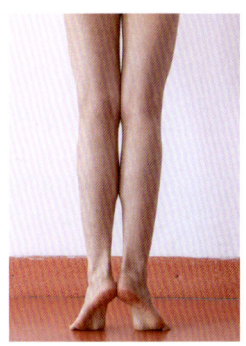
图 1-3-8 小腿比例和谐

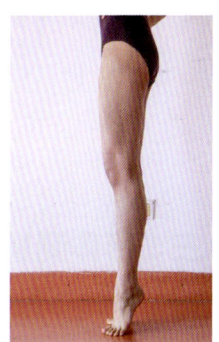
图 1-3-9 膝部比例和谐

二、完美的身材比例

（一）位置比例

胸围位置在肩与腰部之间，三围之间的位置比例约为 1.1∶1.2。如图 1-3-10 和图 1-3-11 所示。

（二）厚度比例

以腰围为 1，臀围 =1.3，胸围 =1.3，墙面到背部距离 =1/3，最突出的部位为胸。如图 1-3-11 所示。

（三）宽度比例

以腰宽为 1，肩宽 =1.5，乳头间隔 =0.8，胸宽 =1.3，臀宽 =1.4；胸、腰、臀三宽的比例为：1.3∶1.0∶1.4。如图 1-3-12 所示。

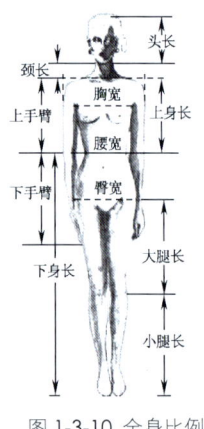 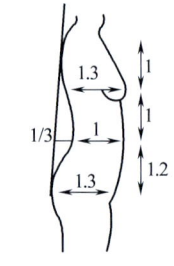 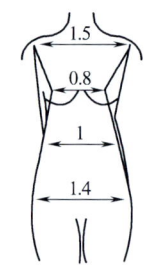

图 1-3-10 全身比例　　图 1-3-11 厚度比例　　图 1-3-12 宽度比例

三、形体测量的方法

（一）仪器测量法

1. 目的

了解身体长度、围度、厚度情况，找出形体差距，确定训练内容。

2. 要求

- 专门、固定的测试地点，光线充足，温度不低于 20℃。
- 落地大镜子，测量仪器。
- 测量时应着轻便贴身短装练功服；在坚持练习后每月或每隔两个月测试一次。
- 下列情况不宜测试：生病或自我感觉不好；生病后的恢复期；训练后尤其是大运动量后不能测量；月经期不能测量。
- 测量时身体与地面保持垂直。

3. 测量仪器

- 身高体重测量仪
- 软皮尺
- 脂肪钳
- 肩部卡尺

4. 测量内容

- 体重：测量时，身体直立，保持平衡，脱鞋。
- 身高：两脚并拢，后背挺直。
- 上肢长：肩外侧到手指尖的长度。
- 肩宽：测量两肩的最远端，用皮尺从左到右。标准者两肩的长度为头宽的 2.5 倍。
- 腰长：测量最后一根肋骨与髋骨之间的长度。
- 腿长：从后面测量臀折线到地面的长度（臀折线是臀部与大腿后侧相交线）。
- 腕围：测量腕骨最细部位的围度。
- 踝围：踝关节最细部位的围度。
- 臂围：上臂部最粗部位的围度。
- 胸围：肩胛骨下沿 2~3cm 位置，前面紧贴乳头，皮尺水平绕一周。
- 胸下围：肩胛骨下沿 3~4cm 位置，前面紧贴乳房下弧形线，皮尺水平绕一周。
- 腰围：两脚并拢，上身挺直，测量腰最细的部位，皮尺水平绕一周。
- 臀围：两脚并拢，上身挺直，测量臀部最凸出的部位，皮尺水平绕一周。
- 大腿围：两腿分开与肩同宽，测量大腿最粗处的围度。
- 小腿围：测量小腿最粗位置的围度。
- 上臂皮脂厚度：上臂最粗位置的前部的脂肪厚度。
- 上腹皮脂厚度：从腰线向右 4~5cm 处的脂肪厚度。
- 下腹皮脂厚度：肚脐下 2~3cm，腹线中部左右 4~5cm 处的脂肪厚度。
- 后背皮脂厚度：肩胛骨下靠近斜方肌的位置中点 3~4cm 处的脂肪厚度。
- 大腿外侧皮脂厚度：量围度时与外侧中心相交点处的脂肪厚度。

（二）目测法

在没有仪器设备进行精确测量时，也可以用以下方法进行目测，以判断自身的体形状况。目测指标如下：

1. 颈形

短：小于脸长的一半。

长：大于脸长的一半。

适中：等于脸长的一半。如图 1-3-13 所示。

2. 肩形

平肩：从水平线平视左右两肩点，刚好成一水平线者，即为平肩，此肩形又分为宽肩和窄肩两种。

宽肩：两肩比臀宽。

窄肩：两肩比臀窄。

耸肩：从水平线平视左右两肩点，如果稍高且向前倾，肩骨大致明显且突出者，即为耸肩，此肩形的人大都为骨感强而且瘦弱。

垂肩（溜肩）：从水平线平视左右两肩点，明显下垂者，即为垂肩。如图 1-3-14 所示。

3. 上身的长短

西方画家将人体分为 7.1 个头身长，认为标准比例为上身（腰以上）为 2.7 个头身长，下身（腰以下）为 4.4 个头身长。如果上身短于 2.7 个头身为上身短，如果超过 2.7 个头身为上身长。如图 1-3-15 所示。

4. 臀形

大：标准的臀部宽度大约是头宽的两倍多，若超过此宽度，且宽度宽于肩。

小：髋部窄于肩。

平坦：臀部无峰形，且有点下垂，多数人则因为腰部细小，便容易使臀部显得平坦。如图 1-3-15 所示。

图 1-3-13 颈形　　图 1-3-14 肩形　　图 1-3-15 上身的长短

四、形体比例计算法

古希腊美学家、思想家德谟克利特说:"美的本质在于井井有条、匀称,各部分之间和谐、正确的数字比例。"西方画家也认为:"人头与躯体的比例为1:7最美。"头身为身高比例标准,其计算方式为:身高 ÷ 头长 = 头身。例如:身高为 160cm,头长为 20cm,头身为 160÷20=8(即 8 个头身)。见表 1-3-1。

表 1-3-1 完美比例的围度计算方法

	完美比例指数	你的理想值	你的实际值
身高	8 个头身		
体重(公斤)	身高 -112		
胸围	身高 ×0.515		
胸下围	身高 ×0.432		
腰围	身高 ×0.370		
腹围	身高 ×0.457		
臀围	身高 ×0.542		
大腿围	身高 ×0.305		

(注:计算单位为 cm.)

身高主要反映骨骼的生长发育情况;体重反映骨骼、肌肉、脂肪等综合变化的状况;胸围则反映胸廓的大小及胸部肌肉的发育状况。因此,身高、体重、胸围被列为人体形体变化的三项基本指标。见表 1-3-2。

表 1-3-2 女子形体标准尺度参考表

身高(m)	胸围(cm)	腰围(cm)	臀围(cm)	大腿(cm)	上臂(cm)
1.52	76	58	86	43	23
1.55	80	60	88	44	23
1.57	81	61	89	46	23
1.60	83	62	90	47	23.5
1.62	85	63.5	91	48	24

续表

身高（m）	胸围（cm）	腰围（cm）	臀围（cm）	大腿（cm）	上臂（cm）
1.65	86	64	93	49	25
1.70	89	67	95	50.7	25
1.72	90	69	97	50.8	25
1.75	91	70	98	51.4	26
1.80	93	71	99	51.4	26

身高和体重的对应关系，不但能反映一个人形体美的程度，同时也能反映一个人的健康程度。

日本学者根据东方人的体形特点提出了一个理想体重标准供我们参考。见表1-3-3。

表1-3-3 女子身高和体重的对应关系

身高（cm）	正常体重（kg）	理想体重（kg）
150	50.0	45.0
155	52.6	47.3
160	55.3	49.7
165	58.9	53.0
170	62.9	56.9
175	66.5	59.2
180	70.1	63.0

为了促进学生体质健康发展，激励学生积极进行身体锻炼，教育部颁发了《国家学生体质健康标准（2014年修订）》，对大学生体重指数（BMI）[1]评分做了统一的规定，见表1-3-4。

---

[1] 体重指数（Body Mass Index，BMI），又称"体质指数"，是国际上常用的衡量人体胖瘦程度以及是否健康的一个标准。计算公式为：BMI=体重÷身高^2，其中体重单位为"千克（kg）"，身高单位为"米（m）"。

表 1-3-4 大学男生/女生体重指数（BMI）单项评分表
（单位：千克/米²）

等级	单项得分	大学男生	大学女生
正常	100	17.9~23.9	17.2~23.9
低体重	80	≤17.8	≤17.1
超重		24.0~27.9	24.0~27.9
肥胖	60	≥28.0	≥28.0

（资料来源：《国家学生体质健康标准（2014年修订）》.)

模块四　形体训练的特点与训练原则

> **学习目标**
> 1. 了解形体训练的特点；
> 2. 懂得形体训练的原则。

一、形体训练的特点

（一）高度艺术性

形体训练以其独特的魅力有别于竞技体操、艺术体操、健美操和舞蹈等的学习范畴，它将多种有效的健身训练方式艺术化，使人们在训练中得到人体运动的协调与流畅，舒缓与优美，体现身体姿态的造型美。这些训练内容使练习者不仅锻炼了身体、增强了体质，而且从中得到了美的享受，提高了艺术修养。因此，形体训练具有高度的艺术性。

(二)健康娱乐性

形体训练让人们在愉悦、轻松的气氛和音乐的伴奏中强身健体、调节情绪、塑造形体、丰富业余生活。所以形体训练是结合了舞蹈、艺术体操、健身操、瑜伽、普拉提等内容的健身项目。这种有针对性、多种有效项目组合的健身方式，对传统、单一、程式化的体育锻炼方式是一种巨大的挑战。

(三)广泛适用性

形体训练形式的多样性为练习者提供了不同的练习内容与科学的健身方法。不同人群可以根据自己的年龄、锻炼基础、锻炼目的，选择适合自己的练习内容。每一个练习者在形体训练中都可以找到适合自己的锻炼方式，从中得到乐趣。

(四)锻炼时效性

形体训练属于有氧运动，练习强度适中。长期坚持练习能有效提高人体心血管系统、呼吸系以及运动系统的功能，达到增强生理健康的目的。练习者在优美音乐伴奏下，轻松、安全、有效的锻炼，有利于消除疲劳，提高心理健康。系统的形体训练能消除体内多余脂肪，重塑健美体形。

二、形体训练的原则

众所周知，人只有在健康的基础上才会有美的体形，健康可以通过各种体育锻炼来获得，但优美的体形则需进行专门的训练。

形体训练，既不同于打球、跑步、游泳等运动，也与技巧运动、舞蹈、竞技体操等项目有所区别。它一方面能全面锻炼身体，另一方面又可以有重点地雕塑人体形态，培养良好的姿态。使练习者在掌握形体锻炼的基础知识、基本技能和基本技术的同时，提高形体的美感，培养良好的气质，陶冶美的情操，提高审美品位。因此在进行形体训练中，应遵循以下原则。

(一)全面锻炼身体的原则

形体训练的目的在于使全身肌肉富有弹性、发展匀称、身体丰满,内脏器官机能旺盛。在选择形体训练的内容时,应坚持身体的全面锻炼,再注重加强身体不足部位的练习,才能达到形体训练的目的。因此,合理选择和搭配锻炼的内容,运用适当的锻炼方法,才能保证做到扬长避短、内外结合、身心一致。

(二)循序渐进的原则

参加形体训练要有恰当的生理和心理负荷量。训练的效果如何,很大程度上取决于运动的刺激强度,太弱的刺激不能引起机体功能的变化;过强的刺激不仅不能增强体质,改善体形,相反还会损害健康。身体素质由弱变强,体形由丑变美,急于求成是办不到的。因此在内容的选择上,要注意数量由少到多,动作节奏由慢到快,负荷由小到大,并根据实际情况,循序渐进。只有遵循人体发展和适应环境的基本规律,逐渐提高,才能有效地塑造完美的体形。

(三)培养良好身体形态的原则

确定形体训练内容时,要以有效培养良好身体形态为准则,对于形态控制效果好和具有实用意义的基本体操、基本功的训练,应在各训练阶段中反复出现,逐步提高。对技术性较强的内容,要考虑训练本身的技术含量,对发展形体素质有利的训练内容要坚持每训必有。

(四)科学的针对性原则

形体训练的内容在层次上应与练习者的年龄、心理和生理发展的规律、形态控制能力的现状以及职业的要求相适应。这样才能确保形体训练的系统性,逐步提高形体素质和技能要求,同时也要根据练习者学习的进展情况逐渐增加新内容,从而促进练习者练习的积极性。

(五)内容的多样性原则

身体素质的提高练习是艰苦的,练习者在形体训练初期感觉到的是辛苦,而后期是疲劳。健身目的明确、美体观念强的人，会在形体训练中苦中作乐，但自控能力差的人就很难坚持下去。只有坚持采用多种内容和方法进行形体训练，才能充分调动和激发练习者的兴趣，培养其积极主动的参与心理，克服由于训练内容的单调、枯燥和动作难度等带来的困难。

（六）理论与实践相结合原则

形体训练是以培养良好形态的身体练习为主要方法，同时也必须重视学习形体训练的基础知识。练习者只有在初步掌握怎样确立良好形态的原理和方法后，才能运用人体的相关知识指导提高保持良好身体形态的能力。

第二单元
形体基础篇

单元导读

　　身体素质是形体美的基础。本单元旨在通过身体素质的指导训练，帮助学生了解如何打好塑造形体美的基础，分三个模块展开：模块一阐明了提升身体柔韧性的练习方法；模块二阐明了提升身体开度的练习方法；模块三阐明了提升身体力量的练习方法；模块四阐明了提升身体躯干伸展的练习方法。

模块一　身体的柔韧性练习

学习目标

1. 了解自身身体的柔韧性情况；
2. 学会自我练习的方法。

　　柔韧性是指人体关节活动的幅度和弯曲的程度，也可以解释为人体的某部位在肌肉拉力和外力作用下使其依关节运动轴产生转动所获得的运动幅度，它取决于躯干和髋、膝关节的结构和功能，柔韧性好的人身段不僵硬死板，能够更好地表现出优雅的身姿。

一、胸、腰部的柔韧性练习

（一）胸腰

绷脚并腿俯卧，双手前伸准备。手肘慢慢向上撑起，从头开始，然后颈、肩、胸依次向后向上卷起。注意颈部要拉长，双肩下沉，目视上方，用后背找腰，胸椎上挑，呼吸均匀。如图 2-1-1 所示。

图 2-1-1 胸腰柔韧性练习

（二）中腰

在胸腰的基础上继续往上推至腰部卷起，同时起小腿，绷脚找头部。注意要沉肩，胸椎上挑，呼吸均匀。如图 2-1-2 所示。

图 2-1-2 中腰柔韧性练习

（三）挑腰

双腿跪立，两臂夹耳向上伸展准备，拉长颈部并沉肩，胯向前顶，由头带动自然后仰，颈、肩、胸、中腰、大腰依次一节节向后弯曲到最大限度。骨盆用力上挑，呼吸均匀，忌憋气。如图 2-1-3 所示。

图 2-1-3 挑腰练习

（四）身体波浪

练习方法 1

跪撑于垫上，背部平直，吸气，做髋后倾同时收腹背部向上弓，然后依次含胸、低头，保持两拍。呼气，然后髋前倾塌腰，背部向下沉，胸部沉向地面，抬头。注意练习时大腿和手臂要垂直于地面，保持头部和脊椎在一条直线上，还要注意呼吸的协调配合。如图 2-1-4 所示。

图 2-1-4 身体波浪练习（一）

练习方法 2

跪坐身体俯卧于垫上，双手前伸掌心撑垫，然后双肘弯曲撑垫，同时翘臀、塌腰，胸擦地面向前至腹撑，然后成中腰的位置。注意动作流畅、不停顿。如图 2-1-5 所示。

图 2-1-5 身体波浪练习（二）

二、下肢的柔韧性练习

（一）垫上压腿

1. 垫上压前腿

坐立双腿并拢伸直、绷脚，上身保持直立，手臂三位。上身向前压腿，尽量用胸去贴腿。如图 2-1-6 所示。

图 2-1-6 垫上压前腿

2. 垫上压旁腿

坐立双腿分开、绷脚，左手三位，右手扶住地板，上身向旁压右腿，尽量用背去贴腿。左侧动作相同，方向相反。如图 2-1-7 所示。

图 2-1-7 垫上压旁腿

3. 垫上压后腿

分腿坐立，将左腿小腿收回、绷脚，右腿不动。身体向左转向 7 点，双手体两侧扶地。上身向后倒压右后腿。如图 2-1-8 所示。

图 2-1-8 垫上压后腿

（二）把上压腿

1. 把上压前腿

左腿作主力腿（即支撑中心），脚小八字外开，上身与把杆间为自己小臂的距离。右脚搭在把杆上，45 度角打开（即右腿为动力腿），胯摆正，使重心在两腿之间。压右腿时，左胸去找右膝盖，同时保持脊柱延展挺直，头梗住，眼向外看。双膝不要弯曲。压腿时，手可叉腰，也可保持某一手位顺手顺脚抬起，随上身运动手尖找脚尖。可勾脚也可绷脚练习。压左腿时动作相同、方向相反。如图 2-1-9 所示。

图 2-1-9 把上压前腿

2. 把上压旁腿

将右腿斜放在把杆上，左脚大八字外开，右手扶把杆，用后背向下压找大腿，眼睛向上看天花板，其他要求同压前腿。压左腿动作相同、方向相反。如图 2-1-10 所示。

图 2-1-10 把上压旁腿

3. 把上压后腿

左手扶把杆，上身与把杆间为自己小臂的距离。左脚小八字外开，左腿作主力腿（即支撑中心），右脚呈 45 度角向后搭在把杆上（即右腿作动力腿），胯摆正，使重心在两腿之间。头向后、身体向后卷向臀部，或屈左腿重心下压。压左后腿时动作相同、方向相反。如图 2-1-11 所示。

图 2-1-11 把上压后腿

模块二　身体的开度练习

> **学习目标**
> 1. 了解自身开度情况；
> 2. 学会自我练习的方法。

一、肩的开度

（一）把上压肩

双脚分开与肩同宽，身体前屈双臂前伸，手腕搭于把杆上。臀部向后，双臂尽量前伸使肩关节充分打开，同时胸部向下用力压，保持几秒钟，使压力置于肩部伸展肌群上。如图 2-2-1 所示。

图 2-2-1 把上压肩

（二）墙壁压肩胸

距离墙壁 50~60cm，面对墙壁站立，双脚分开与肩同宽，双臂上举，手扶墙面，腰部下塌，头向后仰起，将胸部贴到墙面上。如图 2-2-2 所示。

（三）墙壁侧拉肩

距离墙壁 50~60cm，侧对墙壁站立，靠近墙壁的手臂外展，虎口贴墙，手略高于肩，内侧的脚在前，身体向外旋转。注意沉肩，手臂远伸。如图 2-2-3 所示。

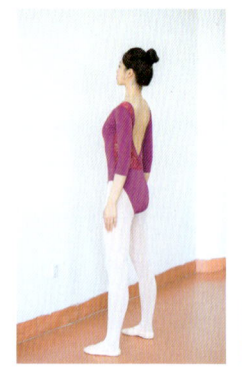

图 2-2-2 墙壁压肩胸　　　　　　　　　　图 2-2-3 墙壁侧拉肩

（四）徒手上甩肩

双手与肩同宽，然后双手同时向上快速甩出。注意要用大臂带动甩肩，不要过度塌腰。如图 2-2-4 所示。

（五）徒手侧甩肩

双臂前平举，掌心向下，然后向旁快速甩出，使双臂打开到最大限度。注意要用大臂带动甩肩，双手始终保持略高于肩。如图 2-2-5 所示。

图 2-2-4 徒手上甩肩　　　　　　　　　　图 2-2-5 徒手侧甩肩

二、胯的开度

(一) 屈腿坐压胯

1. 手压胯

双脚脚心相对盘坐。双手放在膝盖上,有节奏地用力往地面上压。如图 2-2-6 所示。

2. 身体前倾压胯

双脚脚心相对盘坐。双手握住脚,两膝尽量贴地,上身前俯(从胯根处折叠),往脚方向压到最大限度后停住(后背拉长呈下弧线,展肩),双目平视前方。如图 2-2-7 所示。

图 2-2-6 手压胯

图 2-2-7 身体前倾压胯

(二) 青蛙压胯

1. 俯卧青蛙压胯

俯卧,双腿弯曲,大小腿呈 90 度,胯尽量贴向地面。如图 2-2-8 所示。

2. 仰卧青蛙压胯

仰卧双腿弯曲,两脚心相对,双膝贴地面。如图 2-2-9 所示。

图 2-2-8 俯卧青蛙压胯　　　　　图 2-2-9 仰卧青蛙压胯

（三）竖叉压胯

一腿前屈，另一腿后伸至极限，两手指尖触地，上身后弯，后胯向下压。如图 2-2-10 所示。

图 2-2-10 竖叉压胯

（四）横叉压胯

双腿分坐，双臂沿地面向前伸出，身体向前贴紧地面；或双小臂上下交叠于肩膀正下方，撑于地面。如图 2-2-11 所示。

图 2-2-11 横叉压胯

模块三　身体的力量练习

> **学习目标**
>
> 1. 了解自身身体的力量情况；
> 2. 学会自我练习的方法。

肌肉力量的强和弱直接影响练习者完成各种动作的质量与规格。肌肉力量不仅有助于提高人体的灵活性，还能提升人对身体重心的控制能力。通过力量训练可以提升练习者控制身体姿态的能力。

一、腹部力量练习

（一）上腹部力量

两腿分开同肩宽，屈膝仰卧，两臂放于体侧，保持脊柱和骨盆处于中立位，伸长颈部和背部。呼气，慢慢从头部向上抬起，使肩胛骨离开地面，收缩腹肌，使胸部向骨盆靠近，双手向脚的方向延伸。呼气抬起，吸气放下，注意整个过程腰部不离开地面。如图 2-3-1 所示。

图 2-3-1　上腹部力量练习

(二)下腹部力量

仰卧,双腿并拢,双臂放于身体两侧,双腿伸直抬起,伸向上方与上身呈 90 度,然后有控制地慢慢落回地面。注意背部要压紧地面,尽量拉长手臂。如图 2-3-2 所示。

图 2-3-2 下腹部力量练习

(三)侧腹力量

屈膝仰卧,两脚分开与肩同宽,两手扶头后。侧腹肌收缩,上体尽量高抬,同时扭转上体,使肘关节朝向异侧的膝关节。如图 2-3-3 所示。

图 2-3-3 侧腹力量练习

二、腰背部力量练习

俯卧,双腿伸直并拢,双手放于体侧或双手在臀后十指交叉,伸直肘部。吸气,手用力向腿的方向伸展,头、颈、胸全部离开地面,大腿前侧贴地,停顿2秒并自然吸气。呼气，分开十指，将头、颈、胸及双臂轻轻地放落到地面。如图2-3-4所示。

图2-3-4 腰背部力量练习

三、核心力量练习

俯卧双臂肘撑，双腿向后伸出，双脚脚尖着地，身体挺直成一条直线，保持此姿态控制30秒，自然呼吸。注意做此动作时要有控制，呼吸自然，不要屏气。在完成时如有困难，可用膝关节支撑地面，但膝关节要尽量远离手。如图2-3-5所示。

图2-3-5 核心力量练习

> **励志小故事**

坚定舞蹈梦想　打开成功之门

著名舞蹈家黄豆豆为跳舞而书写的励志故事，成为很多"有着坚定的舞蹈梦想，但天赋条件不尽如人意"的孩子的最强有力的动力支撑。

在先天条件不尽如人意的情况下，黄豆豆听说练吊环可以长个子，就每天倒吊拉腿，一吊就是十几分钟，每天要吊四五次。在坚持了整整三个月后，黄豆豆的腿真的拉长了3厘米。他的上下肢比例终于接近了舞蹈演员的条件。他每天坚持练习基本功，还时常给自己"加小灶"，站在教室角落"偷师"，等舞蹈教室终于空出来了再一个人猛练。

功夫不负有心人，他的坚持终于为自己打开了成功通道。无论是当初在春晚舞台上一鸣惊人的《醉鼓》，还是在雅典奥运会上用舞蹈融合中国功夫完成了惊艳世界的"中国8分钟"，黄豆豆的舞蹈总是不断从中国传统文化中汲取养分，让人在看到舞蹈创新的同时，也感叹中国文化的博大精深。

对于黄豆豆而言，成功源于他对舞蹈的热爱和日复一日的重复训练，其间强大的信念不可或缺。没有一蹴而就的成功，更没有天上掉馅饼的机遇，坚韧不拔的良好品格才是成就自己的必经之路。

第三单元
形体塑造篇

> **单元导读**
>
> 　　身体对美的表达是形体美塑造的关键。本单元通过模块一阐明了影响形体美的常见形体缺陷与矫正方法。模块二吸纳了瑜伽、普拉提、器械健美三种健身方式,为练习者提供了形体塑形的训练方法。模块三吸纳芭蕾基训的形体训练术语、地面练习、把上练习、把下练习四个环节,阐明了提升形体姿态训练的途径。模块四吸纳了民族舞蹈、形体舞蹈的舞蹈组合,为提升练习者的形体美感提供了空间。旨在从形体塑造的多维的角度帮助学生了解如何塑造形体美。

模块一　常见的形体缺陷与矫正方法

> **学习目标**
>
> 1. 正确对待常见的形体缺陷;
> 2. 学会形体缺陷的矫正方法。

　　良好的体态、健康的体魄、端庄的仪表是空乘人员应当具备的基本条件。但有时由于不良的行为习惯而引起的形体缺陷,会使爱美的空乘专业的大学生痛苦不迭。那么如何修正自身的形体不足呢?本节主要采用一些徒手、轻器械等简单易行的练习方法，有针对性地对形体缺陷进行矫正和预防。

一、头颈部前伸

形成原因：头颈部前伸的形体缺陷主要是由于学生长期采用不正确的学习姿势所造成的。其表现为站立和坐立时，颈部过分前伸，颈部与头部不能与肩部保持在一条垂线上。如图 3-1-1 所示。

图 3-1-1 头颈部前伸

矫正方法（一）：颈屈伸展

站立或坐立，屈颈使下颌贴近颈前部，保持下颌内收；颈向后收至极限，然后做向前伸颈的动作，再收至还原。注意不能使下颌向下运动。在此姿势下做试图伸颈的动作，保持几秒钟，然后放松，重复 5~10 次。如图 3-1-2 所示。

图 3-1-2 颈屈伸展

矫正方法（二）：靠墙立颈

两脚距离墙 30~50cm 靠墙站立，紧收下颚；头颈部尽力贴靠墙面，坚持几秒钟，放松。重复 5~10 次。如图 3-1-3 所示。

矫正方法（三）：颈绕环

站立或坐立，360 度绕环颈。顺时针绕环 5~10 次，

图 3-1-3 靠墙立颈

然后逆时针再绕 5~10 次为一组，绕环时收紧下颌。重复做 3 组。如图 3-1-4 所示。

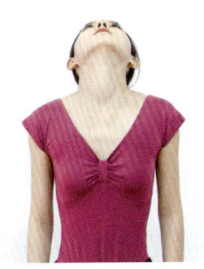

图 3-1-4 颈绕环

矫正方法（四）：屈腿仰卧

屈腿仰卧，全脚掌着地。颈后伸时迫使头颈着地，并且使背部平贴地面。保持 5 秒，重复 5~10 次。如图 3-1-5 所示。

矫正方法（五）：前屈压肩

两臂上举，躯干前屈，用手扶墙或把杆，胸部向下用力压，保持几秒，使压力置于肩部伸肌上。重复 10~20 次。如图 3-1-6 所示。

图 3-1-5 屈腿仰卧

图 3-1-6（扶把）前屈压肩

二、高低肩

形成原因：两肩高低不平有时是由于经常用同一侧的肩膀挎包、扛东西或用同侧手提重物造成的。一侧的肩部常处于紧张状态，久而久之，就会有明显斜肩，从而导致两肩的不平。如图3-1-7所示。

矫正方法（一）：双肩上提

面向镜子站立，两手持哑铃下垂于体侧。要求身体正直，两手用力均匀，双肩端起同时吸气，使双肩保持在一个水平面上，停留10~30秒，然后沉肩，重复10次为一组，共练习3组。如图3-1-8所示。

矫正方法（二）：单肩上提

面向镜子站立，上体正直。低肩的一侧手斜下摆做提肩练习20次为一组，另一只手自然下垂。反复练习3组。如图3-1-9所示。

矫正方法（三）：单肩侧绕

面向镜子自然站立，低肩的一侧手持哑铃，向侧绕至单臂侧上举，另一只手叉腰。重复15次为一组，共练习3组。如图3-1-10所示。

图3-1-7 高低肩　　图3-1-8 双肩上提　　图3-1-9 单肩上提　　图3-1-10 单肩侧绕

三、驼背

形成原因：平常不注意保持正确的身体姿势，背部肌肉不主动用力，致使背部肌肉松弛无力，从而导致驼背的形成。如图 3-1-11 所示。

矫正方法（一）：前屈压肩

两臂上举后躯干前屈，用手扶墙或把杆，胸部向下用力压，保持几秒钟，同伴帮助其向下沉压，使压力置于肩部伸肌上。如图 3-1-12 所示。

矫正方法（二）：扶墙压肩胸

双腿开立，面向墙面，双手上举，手扶墙面，腰部下塌，头向后仰起，将胸部贴到墙面上，保持 15 秒为一组，共练习 3 组。如图 3-1-13 所示。

图 3-1-11 驼背　　　图 3-1-12（扶把）前屈压肩　　　图 3-1-13 扶墙压肩胸

矫正方法（三）：后握振臂

两脚并拢，自然站立，两手于体后相握，两臂向上摆动，同时注意收腹、挺胸、抬头。重复 15 次为一组，共练习 3 组。如图 3-1-14 所示。

图 3-1-14 后握振臂

矫正方法（四）：平屈扩胸

两腿并拢，自然站立，两手持哑铃。两臂胸前平屈向后扩胸，同时两肩向两侧打开，肘关节尽量端平。重复 20 次为一组，共练习 5 组。如图 3-1-15 所示。

矫正方法（五）：俯卧两头起

俯卧在垫子上，两手抱头同时吸气，头、胸、腿同时向上抬起，使身体呈背弓形，控制 5~8 秒；吸气，还原。反复练习 15~20 次为一组，共练习 2 组。如图 3-1-16 所示。

图 3-1-15 平屈扩胸

图 3-1-16 俯卧两头起

四、塌腰

形成原因：塌腰主要是由于没有养成收腹立腰的习惯，使腰椎长年累月处于负重状态，使腰椎正常的生理弯曲加大，久而久之形成"塌腰"的不良姿态。如图 3-1-17 所示。

矫正方法（一）：仰卧屈体

由仰卧开始做收腹举腿至屈体，使髋部和躯干呈 10~20 度的夹角，颈部与头部要贴近地面，保持 5~10 秒，重复 5~10 次。如图 3-1-18 所示。

矫正方法（二）：骨盆前倾

站立时，以意念使神经冲动支配髋部前后伸缩，之后静止 5 秒，然后还原。重复 5~10 次。如图 3-1-19 所示。

图 3-1-17 塌腰　　　　图 3-1-18 仰卧屈体　　　　图 3-1-19 骨盆前倾

矫正方法（三）：猎猫

跪撑于地面。练习时含胸低头，使脊柱向上拱起并保持 5 秒，然后还原。重复 5~10 次。如图 3-1-20 所示。

矫正方法（四）：屈腿仰卧起

仰卧，脚掌着地；练习时屈髋和膝，同时颈部也开始向前慢屈，使背部抬离地面45度。重复5~20次。如图3-1-21所示。

图3-1-20 猫猫　　　　　　　　图3-1-21 屈腿仰卧起

矫正方法（五）：仰卧举腿

仰卧于地，双手钩握一牢固物体，然后屈腿，将腿上举使背部离开地面，保持5~10秒。重复5~10次。如图3-1-22所示。

图3-1-22 仰卧举腿

五、脊柱侧弯

形成原因：脊柱侧弯就是指人的脊柱往一侧弯曲或倾斜，普遍表现为两肩高低不等，腰侧凹不对称，同侧背部隆起等，是由于身体长期侧向屈体所造成的，例如，写字时左手臂不放在桌上、扭转身体伏案书写等，长此以往就会形成脊柱侧弯。如图3-1-23所示。

矫正方法（一）：体侧屈

双脚开立，自然站立，脊柱侧凸一方手臂向另一侧下腰摆动，同时另一手臂在腰后。脊柱向相反方向最大限度下侧腰，控制5~8秒，还原。重复15次为一组，共练习3组。如图3-1-24所示。

图 3-1-23 脊柱侧弯　　　　图 3-1-24 体侧屈

矫正方法（二）：转体

双脚开立，双手持哑铃，弯曲双臂，胸前平举；扭转躯干，脊柱凸出的方向做体转运动。动作过程中要注意双腿伸直，双脚不要离开地面。反复练习 20 次为一组，共练习 3 组。如图 3-1-25 所示。

矫正方法（三）：跪立后举腿

跪立，两手掌体前撑地，将脊柱侧凸一方的腿用力向后上方抬起；抬腿时，挺胸，抬头，动作要快。控制时后腰肌用力加紧，停留 8~10 秒，还原。重复练习 20 次为一组，共练习 3 组。如图 3-1-26 所示。

图 3-1-25 转体　　　　　　图 3-1-26 跪立后举腿

六、"O"形腿

形成原因:"O"形腿是由于遗传或大腿内收肌群力量薄弱等原因所造成的膝关节内翻现象。判断方法是:双脚踝部并拢,双膝不能靠拢,呈"O"形腿;两膝间距 3cm 为轻度,3cm 以上为中度,5cm 以上为重度。越年轻时矫正,效果越显著。如图 3-1-27 所示。

矫正方法(一):双脚开立膝盖大腿并拢下蹲

双脚开立,上体前倾,两手扶于膝关节,双手向内用力,让膝关节和大腿并拢,下蹲时要大腿贴住小腿,控制 5~8 秒,重复练习 10~15 次为一组,共练习 3 组。如图 3-1-28 所示。

图 3-1-27 "O"形腿

图 3-1-28 膝盖大腿并拢下蹲

矫正方法(二):英雄坐

坐立,双脚体侧放置;双手扶膝关节处用力向下压膝,压膝时两脚着地。停留 20~30 秒,重复练习 10 次为一组,共练习 2 组。如图 3-1-29 所示。

矫正方法(三):双膝夹物立踵上提

双手扶把杆,双脚并拢,双膝间用力夹紧,双脚立踵上提,停留 10 秒。为增加夹紧的程度,两膝间可夹一物体。保持所夹物体不掉落,物体的厚度可逐减。每组重复练习10次为一组，共练习5组。如图3-1-30所示。

图3-1-29 英雄坐

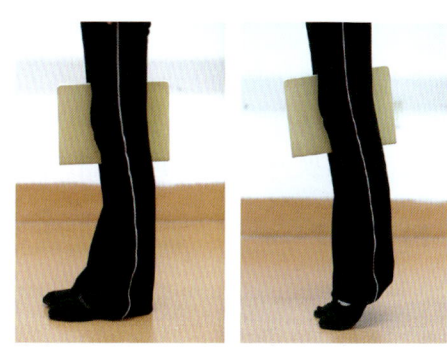

图3-1-30 双膝夹物立踵上提

七、"X"形腿

形成原因："X"形腿，是指股骨内收内旋和胫骨外展外旋所形成的一种骨关节异常现象。判断方法：站立，两膝并拢而两腿不能并拢，中间距离为1.5cm以上的均属"X"形腿。矫正"X"形腿困难较大，但长期坚持练习，也有很好的效果。如图3-1-31所示。

矫正方法（一）：束角坐式

坐立，双腿分开至最大限度，双脚掌相对，双手扶膝，用力向下压膝。停留5秒，重复练习10~15次为一组，共练习5组。如图3-1-32所示。

图3-1-31 "X"形腿

图3-1-32 束角坐式

矫正方法（二）：坐立单腿屈膝压膝

坐立，双腿伸直，并拢。右腿屈膝，右脚放在左膝上。左手托住右脚腕向上用力，右手扶右膝向下用力压膝，压至最大限度，然后还原。每条腿重复练习 15~20 次后换另一腿练习为一组，共练习 4 组。如图 3-1-33 所示。

矫正方法（三）：双脚踝夹物立踵上提

站立，双手扶把杆，双脚夹物体，立踵上提。双膝尽量保持并拢，双脚用力向内夹物体，双脚最大限度立踵。重复练习 10 次为一组，共练习 3 组。如图 3-1-34 所示。

图 3-1-33 坐立单腿屈膝压膝

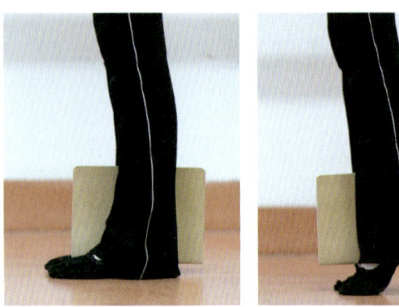

图 3-1-34 双脚踝夹物立踵上提

八、八字脚

形成原因："八字脚"是由于个人的不良习惯所造成的。"八字脚"分为两种，有"外八字"和"内八字"之分。走路时如果两脚尖向外撇称为"外八字脚"；走路时如果两脚尖向内扣则称为"内八字脚"。如图 3-1-35 所示。

矫正方法（一）：走路时膝盖和脚尖正对前方

平时走路时，应该注意自己的膝盖和脚尖是否正对前方。也可画一条线，练习走路时脚尖要落在正前方。如图 3-1-36 所示。

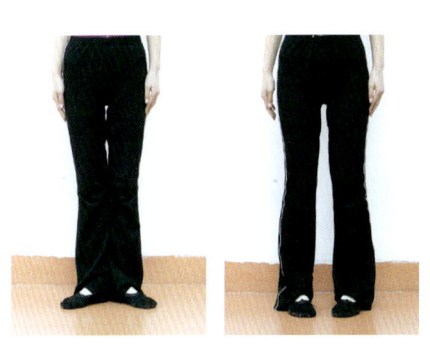

图 3-1-35 八字脚　　　　　图 3-1-36 走路时膝盖和脚尖正对前方

矫正方法（二）：双脚起跳脚尖正对前方

双腿开立，双脚平行，双膝弯曲半蹲，将一条腿抬起，向上跳起时有意识地在空中将脚尖矫正在前方，落地后检查脚尖是否正对前方。重复练习 10 次为一组，共练习 3 组。如图 3-1-37 所示。

图 3-1-37 双脚起跳脚尖正对前方

九、大腿过粗

形成原因：大腿粗主要是由于腿部肌肉比较发达，或是由于缺乏腿部的锻炼而引起的皮下脂肪较多造成的。如图 3-1-38 所示。

图 3-1-38 大腿过粗

矫正方法（一）：前侧后方踢腿

（1）前踢腿：仰卧地面，双腿并拢，双手放于体两侧，右腿向上踢起，在空中停留5秒，重复练习20次。换左腿做毕为一组，练习3组。

（2）侧踢腿：侧卧地面，双腿并拢，双手放在体前方，右腿向上踢起，在空中停留5秒，重复练习20次。换左腿做毕为一组，共练习3组。

（3）后踢腿：跪立，双手掌撑于地面，右腿伸直点地，左腿向上踢起，在空中停留5秒，重复练习20次。换右腿做毕为一组，共练习3组。如图3-1-39所示。

要求：前、侧、后踢腿时尽量迅速抬起，膝盖不能弯曲，双脚绷起，不要停顿，连续完成。

图 3-1-39 前、侧、后踢腿

矫正方法（二）：仰卧肘撑双腿缓慢上举下落

仰卧肘撑，双腿伸直并拢；双腿弯曲，大腿靠近胸部，小腿缓慢伸直，使腿与身体垂直；双腿控制下落还原。

要求：双腿夹紧，尽量控制姿势，匀速进行。重复练习15次为一组，共练习3组。如图3-1-40所示。

图3-1-40 仰卧肘撑双腿缓慢上举下落

矫正方法（三）：仰卧肘撑单腿交替屈膝

仰卧肘撑，双腿伸直并拢，抬离地面；右腿弯曲贴近胸部，右腿伸直时换左腿，反复练习。

要求：腹部用力，上体挺胸抬头，双腿尽量伸直。重复15次为一组，共练习2组。如图3-1-41所示。

图3-1-41 仰卧肘撑单腿交替屈膝

> **小贴士**
>
> **如何通过服饰搭配来弥补形体缺陷？**
>
> 　　形体缺陷除了可以通过练习矫正，如果能够恰到好处地运用服饰进行修饰会获得更好的效果。
>
> **大腿粗**
>
> 适　合：下身较宽的裙子。百褶裙。A字裙。拖地的长裙和长裤等，还可以选择腰处有多皱褶且宽松的腹围款式，大腿部位自然宽松可掩盖腿粗。
>
> 不适合：穿紧身裤，下身太窄的款式，如包身裙和短裙。
>
> **"O"形腿和"X"形腿**
>
> 适　合：裤、裙长最少以遮盖膝盖下5cm为宜，或直接穿长裙或宽裤。
>
> 不适合：穿紧身裤和直筒裤。

模块二　形体塑形训练

> **学习目标**
>
> 1.了解形体塑形的基本方法；
> 2.培养自我锻炼的能力。

一、轻器械塑形训练

　　力量训练对于塑造美的形体是非常必要的。我们知道，人到25岁左右，骨骼发育基本完成，好的身材不仅要有一副比例适中的骨架，而且还取决于附着在骨骼上的肌肉的匀称度。人们在骨骼完全定型后，可以通过对肌肉的训练，来弥补骨架发育的不足，从而美化塑造完美的体形。例如：肩窄的人可以通过练习三角肌，使肩部变宽；臀部扁平的人，通过发达臀大肌，使臀部变得翘立；腰部松懈的人，可以通过腰腹肌的训练，收紧腰腹部，使腰部变细；等等。那么我们应当运用什么样的方法来塑形呢？

我们知道，力量训练所获得的效果取决于运用什么运动量来进行锻炼，它是由练习的"强度"和"量"所决定的。我们把力量训练所使用的阻力大小称为"强度"，把练习的次数称为"量"。例如：假如我们练习采用的阻力是100kg，练习的极限次数是10次，即10RM[①]=100kg，那么，要发展肌肉力量建议运动量为"大强度、低次数（3~6RM）"，发展肌肉围度建议运动量为"中等强度、中等次数（10~12RM）"，而发展肌肉耐力建议运动量为"低强度、高次数（20~25RM）"。了解了以上训练原则，我们就可以采用不同的练习手段来进行有效的力量训练。

（一）弹力带塑形训练

1. 弹力带的选择

弹力带训练是练习者通过克服弹力带的阻力来实现的，一般我们可以根据弹力带的弹力大小（不同的材质、薄厚，弹力不同）来调节阻力的大小。为安全起见，原则上弹力带拉长后的长度不应超过弹力带原长度的3倍，所以我们根据动作的要求，一般选择2~2.5米长度的弹力带来进行练习。

在做弹力带练习之前，我们应当明确我们的练习目的是什么，是提高我们的力量，还是增加肌肉的围度，还是减脂塑形？如果希望增加肌肉的围度，建议采用10~12RM的阻力进行练习，练习组数为3~6组；如果是希望减脂塑形，应当选择有氧的运动方式，建议采用20~25RM的阻力来进行练习，练习组数为2~3组。见表3-2-1。

---

① RM是英文"repetition maximum"的缩写，中文译义是"最大重复值"。即练习者在某个负重重量下，做某个练习动作连续做的最高重复次数，即为这个动作、这个重量的RM。之所以出现RM的概念，是因为经过研究发现，并不是每次练到力竭都是有效的，重量与次数（以及组数）的选择，对于训练结果有着显著影响。

表 3-2-1 弹力带训练强度建议

	增加力量	增加肌肉围度	增加肌肉耐力
最大负重（训练次数）	3~6RM	10~12RM	20~25RM
训练组数	2~6 组	3~6 组	2~3 组

2. 训练注意事项

（1）使用前检查弹力绳是否完好；

（2）训练动作尽量不要在眼睛前进行，避免受伤；

（3）不要将弹力绳过度拉长，一般拉伸不超过原长度的 3 倍；

（4）注意做好练习前的热身与练习后的放松运动。

3. 训练时的姿态要领

（1）收颌抬额

在日常生活中，我们很容易会保持头向前倾的不良姿态。这一姿态在进行上肢力量训练时，由于身体"借力"，会更明显。若长期保持这一姿态，将会改变颈椎的生理弯曲，令周边肌肉变得僵硬，并使颈椎提前退化。因此，我们在进行训练时，应注意下颌微往内收，头不要往前倾。

（2）沉肩挺胸

训练时，注意肩膀要放松下沉、往后收，同时挺胸。由于身体每一关节都有一个最合适的活动位置，若在不良位置上，关节在活动时产生的压力及磨损会增加，最终可能导致受伤。

（3）收腹直背

许多人由于长期伏案工作，经常久坐，坐姿不良，缺乏运动，最终导致腰背疼痛出现。要预防腰背疼痛及避免在训练时受伤，我们在训练时需要注意良好的姿态。训练时，保持骨盆在中立位（不前倾及后倾），同时腹部要轻微往内收紧，这样便能增加躯干的稳定性，预防受伤。

（4）膝朝脚尖

站姿训练时，膝应微屈，不要过于伸直。这是由于膝过度伸展会令膝后侧韧带及软组织拉长、松弛，导致关节不稳定及容易受伤。另外，在站姿训练时，膝关节要朝向脚尖方向，不要往内扣，以预防内侧韧带受伤。

如图 3-2-1 所示。

图 3-2-1 弹力带训练时的姿态

4. 弹力带固定方法

（1）标准缚法

方法：分四步完成。第一步，掌心朝前，将弹力带放在虎口位置；第二步，手向内旋，使掌心朝后；第三步，肘关节向外打开，使手指向下，掌心朝后；第四步，手往上翻，使手指向上，掌心朝前，并将弹力带固定在虎口位置。如图 3-2-2 所示。

优点：可以很稳固地攥在手中，不易松脱。

图 3-2-2 弹力带标准缚法

（2）双脚缚法

方法：双手抓住弹力带两端，双脚踩在弹力带上。如图 3-2-3 所示。

优点：更加固定，不容易滑脱。

图 3-2-3 弹力带双脚缚法

5. 弹力带塑身基本动作

（1）上肢练习组合

训练目标：收紧肩膀及背部肌肉，增强肩关节稳定性。

目标肌群：三角肌、肱三头肌、背阔肌、二头肌。

①肩上推举

目标肌群：三角肌、二头肌。

动作要领：双脚缚法，双脚分开略宽于肩，双腿屈膝，双臂体侧肩上屈，双臂向上推至上举，双肘微屈。如图 3-2-4 所示。

②颈后提拉

目标肌群：肱三头肌。

动作要领：双脚缚法，双脚分开略宽于肩，双腿屈膝，双手置于颈后，做双手颈后臂屈伸，双肘微屈。如图 3-2-5 所示。

图 3-2-4 肩上推举　　　　　　　　　　图 3-2-5 颈后提拉

③俯身提拉

目标肌群：三角肌、肱三头肌。

动作要领：双脚缚法，双脚分开略宽于肩，双腿屈膝，身体前倾，双手握带斜前下举，双臂向后做提拉至体后肘屈。如图 3-2-6 所示。

④弯举

目标肌群：肱二头肌。

动作要领：双脚缚法，双脚分开略宽于肩，双腿屈膝，身体前倾，双手握带于体前，双臂向上做弯举至体前肘屈。如图 3-2-7 所示。

图 3-2-6 俯身提拉　　　　　　　　　　图 3-2-7 弯举

（2）上下肢练习组合

训练目标：收紧大腿及臀部肌肉、三角肌前束。

目标肌群：三角肌、臀部肌群、股四头肌、腘绳肌。

①马步前平举

目标肌群：三角肌、臀部肌群、股四头肌、腘绳肌。

动作要领：双脚缚法，双脚分开略宽于肩，双腿屈膝，双手交叉握带于胯两侧，双臂向上抬至水平，双肘微屈。如图 3-2-8 所示。

②马步侧平举

目标肌群：三角肌、臀部肌群、股四头肌、腘绳肌。

动作要领：双脚缚法，双脚分开略宽于肩，双腿屈膝，双手交叉握带于胯两侧，右手向旁抬至水平，肘微屈；左手动作相同。如图 3-2-9 所示。

图 3-2-8 马步前平举　　　　　　　　　图 3-2-9 马步侧平举

③马步屈臂前举

目标肌群：三角肌、臀部肌群、股四头肌、腘绳肌。

动作要领：双脚缚法，双脚分开略宽于肩，双腿屈膝，双手胸前交叉平屈握带，双手向前伸至水平成交叉握带，双肘微屈。如图 3-2-10 所示。

④马步屈臂上举

目标肌群：三角肌、臀部肌群、股四头肌、腘绳肌。

动作要领：双脚缚法，双脚分开略宽于肩，双腿屈膝，双手胸前交叉平屈握带，双手向上伸至上举成交叉握带，双肘微屈。如图 3-2-11 所示。

图 3-2-10 马步屈臂前举　　　　　　　图 3-2-11 马步屈臂上举

（3）互动练习组合

训练目标：收紧肩膀、肱三头肌、胸大肌及背部肌肉，增加核心控制能力。

目标肌群：三角肌、肱三头肌、胸大肌、背阔肌。

①弓步后拉

目标肌群：三角肌、肱三头、背阔肌。

动作要领：同伴拉住带中部，练习者面对同伴，双脚分开与肩同宽左脚在前成弓步，双手握带前伸，双臂向后拉至体后肘屈。如图 3-2-12 所示。

②反向飞鸟

目标肌群：三角肌、肱三头、背阔肌。

动作要领：同伴拉住带中部，练习者面对同伴，双脚分开与肩同宽成马步，双手握带前伸，双手向上做提拉至上举，双肘微屈。如图 3-2-13 所示。

图 3-2-12 弓步后拉　　　　　　　　　图 3-2-13 反向飞鸟

③弓步颈后提拉

目标肌群：肱三头。

动作要领：同伴拉住带中部，练习者背对同伴，双脚分开与肩同宽，左脚在前成弓步，双手握带颈后屈，双手向上做提拉至上举，双肘微屈。如图 3-2-14 所示。

④弓步前推

目标肌群：三角肌、胸大肌。

动作要领：同伴拉住带中部，练习者背对同伴，双脚分开与肩同宽左脚在前成弓步，双手握带于胯旁，双手向前推至平举，双肘微屈。如图 3-2-15 所示。

图 3-2-14 弓步颈后提拉　　　　　　　图 3-2-15 弓步前推

⑤弓步飞鸟

目标肌群：三角肌、胸大肌。

动作要领：同伴拉住带中部，练习者背对同伴，双脚分开与肩同宽，左脚在前成弓步，双手握带于侧平举，双手向前平拉至前平举，双肘微屈。如图3-2-16所示。

图 3-2-16 弓步飞鸟

（4）平衡互动组

训练目标：收紧臀部及大腿，增加身体平衡能力，增加核心控制能力。

目标肌群：臀部肌群。

①单腿外展

目标肌群：臀部肌群、大腿外展肌群。

动作要领：同伴拉住带中部，练习者面对同伴，左脚站立右腿前举，双手握带于胯旁，右腿由前向旁外展至侧举腿。如图 3-2-17 所示。

②单腿侧屈伸

目标肌群：臀部肌群。

动作要领：同伴拉住带中部，练习者面对同伴，左脚站立右腿侧屈腿，双手握带于侧平举，右腿向侧伸至侧举腿。如图 3-2-18 所示。

图 3-2-17 单腿外展　　　　　　　　图 3-2-18 单腿侧屈伸

③单腿后屈伸

目标肌群：臀部肌群。

动作要领：同伴拉住带中部，练习者面对同伴，左脚站立右腿前屈腿，双手握带斜上举，右腿向后伸至后举腿。如图 3-2-19 所示。

图 3-2-19 单腿后屈伸

（二）哑铃塑形训练

哑铃是肌肉力量锻炼中最便捷的健身器械之一。通过选择适合的哑铃，不仅可以满足我们塑形的目的，还可以通过不断挑战哑铃的重量满足我们增肌的目的。平时我们可以在家里自备一副哑铃。可以通过对动作次数与使用重量的选择，来达到增肌或减脂的目的。一般情况下，塑形选择小重量多次数来进行，增肌则选择大重量少次数来进行。通过不同的哑铃动作，能更加全面地激活各个部位的肌肉，让肌肉得到全面发展。

1. 哑铃的选择

适宜人群：一般练习者。

遵循原则：不宜过轻或过重。

重量建议：为增强肌肉，男士可使用约15公斤/只的哑铃（可调节式哑铃）；为减脂、修饰肌肉，女士可使用3公斤/只的哑铃。

2. 训练注意事项

（1）训练前

练习前可以进行慢跑、跳绳、骑自行车等运动，大约10分钟左右，目的是让血液加速流动，肌肉开始活跃一些，身体只要微微出汗即可。之后要根据练习的部位和目的，进行重点拉伸，主要是针对接下来要锻炼的肌肉群，先用小重量或者徒手进行1~2组练习，每组练习15~20次，让局部肌肉充分进入运动状态。

（2）训练中

训练中要选择合适重量的哑铃，选用适当的速度、适当的运动频率进行规范的锻炼是非常必要的，负荷太大或太小，间歇时间太长或太短，效果都会不好。

如果练习目的是增强肌肉力量，最好选择65%~85%负荷的哑铃。举个例子，如果你每次能举起的负荷是10公斤，就应选择重量为6.5公斤~8.5公斤的哑铃进行锻炼。练习时每天5~8组，每组动作6~12次，动作速度不宜过快，每组间隔2~3分钟。

如果练习目的是减脂，建议练习时做到每组15~25次，甚至更多，每组间隔控制在1~2分钟。如果觉得这种练习很枯燥，可以配合自己喜欢的音乐练习，或跟随音乐做哑铃健身操。

在哑铃练习过程中，每完成一组动作，要及时对相关的肌肉群进行拉伸。拉伸运动之后还要进行适当的适应性运动。

（3）训练后

每天锻炼后，可以做一下柔韧性的牵拉。比如，双手互相抓紧，举过头顶，向体后振动、保持、振动等，凡是能够使身体完全伸展开、能够充分打开关节的，对哑铃练习后的恢复都是有好处的，不然会让身体乳酸堆积，导致第二天出现身体肌肉酸痛等不良症状。之后洗个温水澡，水温要稍高于体温，这样可以使自己的肌肉和毛细血管扩张，加快血液循环，避免哑铃练习后的肌肉僵硬，促进恢复。

3. 哑铃塑形基本动作

（1）上肢训练

①站姿耸肩

目标肌群：斜方肌、肩胛提肌、菱形肌。

动作要领：站立，挺胸收腹，双手各持一只哑铃，掌心相对，双臂在身体两侧自然下垂；手臂保持伸直状态，肩膀尽量上提，将哑铃向上拉至动作极限在顶端稍停，然后将哑铃慢慢下放还原。见图3-2-20。

呼吸方法：提肩时吸气，下降时呼气。

练习次数：小重量哑铃做15~20次，3~4组；大重量哑铃做5~8次，2~3组。

图 3-2-20 站姿耸肩

②交替直立划船

目标肌群：三角肌前束和中束。

动作要领：垂直站立，挺胸收腹，双手持哑铃置于体前；双臂交替将哑铃上举，至手臂与肩膀平行，注意不要耸肩；稍停后慢慢下放还原。注意不要晃动身体，要肩部用力举起重量。

呼吸方法：屈臂抬起时吸气，下降时呼气。见图3-2-21。

练习次数：小重量哑铃做15~20次，3~4组；大重量哑铃做5~8次，2~3组。

③单臂颈后臂屈伸

目标肌群：肱三头肌。

动作要领：站姿，挺胸收腹，一手握住哑铃并上举，保持大臂紧贴耳旁固定不动，弯曲手臂以半圆弧形落下，至另一侧肩部下方；顶点稍停后向上举起，至手臂伸直后再慢慢下落。见图3-2-22。

呼吸方法：伸臂时吸气，屈降时呼气。

练习次数：小重量哑铃做15~20次，2~3组；大重量哑铃做5~8次，2~3组。

图3-2-21 交替直立划船　　　　　　图3-2-22 单臂颈后臂屈伸

④坐姿双臂臂屈伸

目标肌群：肱三头肌。

动作要领：坐姿，挺胸收腹，双手握住一只哑铃一端，置于颈后；向上伸直双臂，将哑铃举至头顶上方；在顶点稍停后缓慢下放，还原动作过程中保持大臂不动。见图3-2-23。

呼吸方法：挺伸上臂时吸气，屈降时呼气。

练习次数：小重量哑铃做 15~20 次，3~4 组；大重量哑铃练做 5~8 次，2~3 组。

⑤坐姿双臂推举

目标肌群：三角肌、肱三头肌。

动作要领：坐姿，背部挺直，核心收紧，双手各持一只哑铃；正握哑铃举至双肩两侧，掌心向前；将哑铃向上推举过头顶，至手臂自然伸直；在顶端稍做停留，感受肩部的收缩；然后慢慢将哑铃放回起始位置。见图 3-2-24。

呼吸方法：上举时吸气，屈降时呼气。

练习次数：小重量哑铃做 10~15 次，2~3 组；大重量哑铃做 5~8 次，2~3 组。

图 3-2-23 坐姿双臂臂屈伸　　　　　图 3-2-24 坐姿双臂推举

⑥双臂侧平举

目标肌群：三角肌中束。

动作要领：站立，挺胸收腹，双手各握哑铃置于体前，掌心相对，下沉肩关节；向身体两侧举起哑铃，至肘关节与双肩同高或稍高；顶点稍停后下放还原，下放时双臂缓慢向里合，而不是往下落。见图 3-2-25。

呼吸方法：双臂打开时吸气，下降时呼气。

练习次数：小重量哑铃做 15~20 次，2~3 组；大重量哑铃 5~8 次，2~3 组。

图 3-2-25 双臂侧平举

（2）胸部训练

①站立扩胸

目标肌群：肩、胸、上背部肌群。

动作要领：双脚打开与肩同宽，双手各持一只哑铃；将双臂向前抬起至胸前，掌心相对；然后将手臂扩胸到两侧；反复进行练习。运动中手臂应该全程伸直，活动只发生在肩关节。见图 3-2-26。

呼吸方法：双臂打开时吸气，收回时呼气。

练习次数：小重量哑铃做 15~20 次，3~4 组；大重量哑铃 5~8 次，2~3 组。

图 3-2-26 站立扩胸

②仰卧双臂上举

目标肌群：胸大肌上部、肱三头肌、上背部肌群。

动作要领：仰卧长凳上，双脚踩实，双手持哑铃，举至体前；双臂向上向后拉,并下落到可能的最低点稍停,使胸大肌充分扩展后,慢慢前举还原。见图 3-2-27。

呼吸方法:双臂后展时吸气,前举时呼气。

练习次数:小重量哑铃做 15~20 次,3~4 组;大重量哑铃做 5~8 次,2~3 组。

图 3-2-27 仰卧双臂上举

(3)背与腰部训练

①卧抬上体

目标肌群:竖脊肌、头夹肌、颈夹肌。

动作要领:俯卧于垫子上,两手各持哑铃置于颈后,另一人按住练习者小腿;抬头挺胸,上体快速用力抬起,尽量后屈;然后还原。见图 3-2-28。

呼吸方法:上抬时吸气,还原时呼气。

练习次数:小重量哑铃做 15~20 次,3~4 组;大重量哑铃做 5~8 次,2~3 组。

图 3-2-28 俯卧抬上体

②俯卧交叉抬手臂和腿

目标肌群:腰腹、背部、臀部肌群。

动作要领:俯卧于垫子上,两手各持哑铃,双臂前举掌心向下;交叉抬起对侧手臂和腿,抬头挺胸,上体用力抬起,大腿尽量高抬;然后交替重复。见图 3-2-29。

呼吸方法:上抬时吸气,还原时呼气。

练习次数:小重量哑铃做 20~25 次,2~3 组;大重量哑铃做 5~8 次,2~3 组。

图 3-2-29 俯卧交叉抬手臂和腿

(4)腿及臀部训练

①负重蹲起

目标肌群:股四头肌群。

动作要领:双脚打开与肩同宽站立,腰背部挺直,核心收紧,双手各握哑铃置于身体两侧;臀部后移,至大腿与地面平行或稍低后起身。注意做动作过程中要保持膝盖与脚尖方向一致。见图 3-2-30。

呼吸方法:下蹲时呼气,站立时吸气。

练习次数:小重量哑铃做 15~20 次,2~3 组;大重量哑铃做 5~8 次,2~3 组。

②持铃箭步蹲

目标肌群:股四头肌、股二头肌、臀大肌。

动作要领:身体直立,双手分别握哑铃肩侧举,掌心朝前;一脚用力蹬地,另一脚稍提起向前跨一大步;保持两脚的距离不变,然后向前跨出的脚用力蹬地,收回原位;换另一只脚。见图 3-2-31。

呼吸方法:下蹲时呼气,站立时吸气。

练习次数:小重量哑铃做 15~20 次,2~3 组;大重量哑铃做 5~8 次,3~5 组。

图 3-2-30 负重蹲起　　　　　　　　图 3-2-31 持铃箭步蹲

（5）腹部及肩部肌群

①负重仰卧起坐

目标肌群：腹部肌群。

动作要领：仰卧在垫上，两腿屈膝稍分开，大小腿呈直角，两手持铃在头两侧，另一人帮助压住两脚；起坐时，用力收腹屈背，上身抬起；然后还原成仰卧姿势，进行反复练习。见图 3-2-32。

呼吸方法：抬起时吸气，还原时呼气。

练习次数：小重量哑铃做 15~30 次，2~3 组；大重量哑铃做 5~8 次，2~3 组。

图 3-2-32 负重仰卧起坐

②负重仰卧两头起

目标肌群：腹部肌群。

动作要领：仰卧于垫子上，两手各持哑铃，双臂上举掌心向上；同时抬起手臂和大腿，上体用力抬起，大腿尽量高抬；反复练习。见图 3-2-33。

呼吸方法：抬起时吐气，还原时吸气。

练习次数：小重量哑铃做 20~25 次，2~3 组；大重量哑铃做 5~8 次，2~3 组。

图 3-2-33 负重仰卧两头起

（6）综合训练

①塑造肩部和肋部曲线

目标肌群：肩部、侧腰肌群。

动作要领：双手持哑铃，双脚开立略宽于肩，右手肩上屈，左手于体侧，身体左侧屈，同时右臂上伸，贴近耳朵，左臂沿腿外侧向下伸展；重复相反方向动作。这组哑铃无氧动作能够增加对肩部和肋部的刺激。见图 3-2-34。

练习次数：以小重量哑铃为例，左右各做 1 次为一组，做 12~15 组。

图 3-2-34 塑造肩部和肋部曲线

②提高背部完美度，塑造纤细腰身

目标肌群：腰部、背部肌群。

动作要领：双手握哑铃，双脚打开略宽于肩；手臂贴着耳朵向上举，上身向左转动,上身下弯至双手可抓住右腿的位置;重复相反方向动作。见图 3-2-35。

练习次数:以小重量哑铃为例,左右各做 1 次为一组,做 8~12 组。

图 3-2-35 提高背部完美度,塑造纤细腰身

③塑造完美的肩部曲线,增加下身的弹力

目标肌群:肩部、腰部、腿部肌群。

动作要领:双手握哑铃,右脚侧迈至开立,左臂侧平举,右臂胸前平屈,双臂向下环绕一圈半至右斜下举,同时身体右转,左脚向右后点地下蹲;重复相反方向动作。这组有氧运动对刺激腰、肩、腿有很好的效果。见图 3-2-36。

练习次数:以小重量哑铃为例,左右各做 1 次为一组,做 10~15 组。

图 3-2-36 塑造完美肩部曲线,增加下身弹力

④塑造纤细有弹性的胳膊和腿部

目标肌群：手臂、腿部肌群。

动作要领：双脚开立与肩同宽，屈膝身向前倾，双手于腰间屈臂夹肘，左脚侧点地，同时小臂向后伸展；重复相反方向动作。这组动作有助于腿部和臂后的肌肉变得紧致。见图3-2-37。

练习次数：以小重量哑铃为例，左右各做1次为一组，做12~15组。

图3-2-37 塑造纤细有弹性的胳膊和腿部

⑤塑造丰满的胸部和紧实的小腹

目标肌群：胸部、腹部肌群。

动作要领：

动作一：仰卧，双腿分开与肩同宽屈膝，双手握哑铃，屈臂大臂压实地面，小臂向上呈90度角；双臂向上推并向中间靠拢（动作过程中肘要轻轻抬起）。这组无氧运动能增加胸部的弹力。这组无氧运动能增加胸部的弹力，增强腹部的强度。

动作二：在动作一起始动作的基础上，向上伸直双臂，同时腹部用力，上身抬起；再恢复到刚开始的姿势。见图3-2-38。

练习次数：以小重量哑铃为例，以上两组动作各做15~20次。

图 3-2-38 塑造丰满的胸部和紧实的小腹

⑥增强小臂弹力,塑造完美的臀部 W 曲线

目标肌群:手臂、臀部肌群。

动作要领:双脚开立,双手握住哑铃,肘部略弯,手掌朝上,胳膊不要碰到身体;左膝向上抬起,同时双臂弯曲。膝盖要尽量向上抬,重复相反方向动作。这组有氧运动能增加小臂的弹力,塑造完美的臀部曲线。见图 3-2-39。

练习次数:以小重量哑铃为例,左右各做 1 次为一组,做 15~20 组。

图 3-2-39 增强小臂弹力,塑造完美的臀部 W 曲线

⑦塑造均衡体型

目标肌群：背部、腿部肌群。

动作要领：双手握哑铃，双脚开立；右腿向前迈屈膝90度，左腿弯曲，同时俯身，双臂下垂于右小腿两侧，然后双肘向背部拉伸；重复相反方向动作。这是一组有助于消除上身和下身多余脂肪的全身运动。见图3-2-40。

练习次数：以小重量哑铃为例，左右各做1次为一组，做10~12组。

图3-2-40 塑造均衡体型

二、普拉提身体稳定性训练

（一）普拉提是什么？

普拉提（Pilates）是一种锻炼方法，是由一个叫约瑟夫·普拉提的德国人创立的，因此用他的名字来命名。它是集瑜伽、武术、希腊的古老健身方式于一体的一种训练方式，长期参与普拉提的锻炼可以培养人体的平衡能力，并能均衡发展练习者的肌肉。

约瑟夫·普拉提的最大贡献是将人体的肌肉分成两大类：一是运动肌，二是固定肌。运动肌是指位于躯干外层的能够使人体产生动作的肌肉。普拉提训练的主要是人体的固定肌，它是指固定脊柱和骨盆的深层肌肉，主要作用是保护脊柱和维持正确的躯干姿态，增强身体的稳定性。普拉提将其称为身体的"核心"。

（二）身体"核心"的概念

约瑟夫·普拉提相信人的身体是一个整体，每一个动作都源自"核心"。身体核心是指躯干的中下部位，包括骨盆和腰背部，是身体的中间部位，像一个水桶，周围有桶壁、下面有桶底、上面有桶盖。

和许多强大的力量一样，身体核心是看不见的，由一条薄而宽的肌肉带和靠近内脏器官外部的中空椭圆形的连接组织构成，相关的肌肉有膈肌、腹横肌、多裂肌和骨盆肌，见 3-2-41。

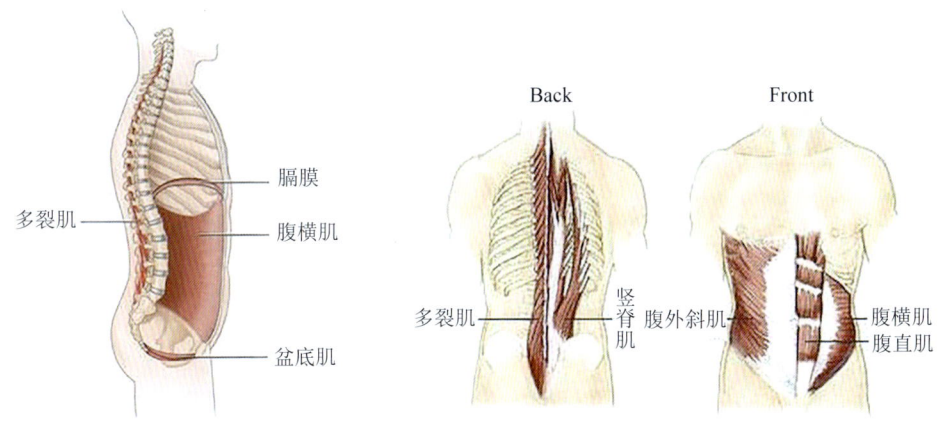

图 3-2-41 身体核心肌肉群

（三）身体核心的训练

身体核心的训练不仅能提高核心的力量，还能改善身体姿态。固定肌的收缩形式是静力性收缩，能保持长时间收缩而不易疲劳。加强这些深层固定肌需要与训练外围肌不同的训练技巧。

目前的研究显示，核心肌肉在收缩程度为 30% 时训练效果最好。对一个普拉提初学者来说，最有挑战性的工作是活动核心肌肉并始终保持 30% 的收缩，这里我们运用视觉想象的练习方法，帮助练习者做到大约合适的收缩程度。

1. 定位腹横肌的方法

（1）把肚脐尽可能地收向你的脊柱，可以想象把你的腰带收紧到最里面的第 10 个扣眼（100% 收缩）；

（2）解开腰带并放松，但不要使你的脊柱弯曲（0% 收缩）；

（3）把腰带收紧到第 5 个扣眼（50% 收缩）；

（4）解开腰带并且放松，但不要使你的脊柱弯曲（0% 收缩）；

（5）再把腰带收紧到第 3 个扣眼（30% 收缩）。

到第 5 步，已经达到了普拉提练习时腹横肌的理想收缩状态。注意保持柔和的收缩状态，如收得过紧，肌肉会很快疲劳并放松。在健康功能锻炼中，保持 30% 的收缩状态，会使你获得更好的耐力提高效果。

2. 定位盆底肌的方法

想象必须控制住清空膀胱的强烈冲动，这时使用的肌肉就是盆底肌。可以把这些肌肉想象成一个在 10 层楼中的电梯。

（1）收紧肌肉，使电梯升高到第 10 层（（100% 收缩）；

（2）降低电梯到底层（0% 收缩）；

（3）升高电梯到第 5 层（（50% 收缩）；

（4）降低电梯到底层（0% 收缩）；

（5）升高电梯到第 3 层（（30% 收缩）。

到第 5 步，已经达到了普拉提练习时盆底肌的理想收缩状态。当向上收紧时，试着不要去使用臀部肌肉，目标是使位于耻骨和下背部之间的肌肉向上吊起。

3. 人体的脊柱中立位

正确的骨骼排列，会使关节、肌肉、韧带和组织处于受力最小的位置，在这个位置上，没有肌肉过分的紧张或过分的伸展，身体功能处于最强、平衡的状态，运动更有效率。

人体的脊柱中立位是处于极端姿态之间的正确的脊柱骨骼排列。外形上看，中立脊柱表现为从耳朵、肩部、髋部、膝关节到脚踝部成一条直线，好像有一条垂线从耳朵向下通过躯干到腿部一直到脚部。保持脊柱的中立位有助于降低损伤的风险并提高动作或练习的效率，见图 3-2-42。

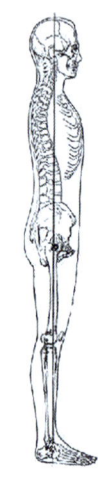

图 3-2-42 脊柱中立位

4. 普拉提呼吸方法——侧胸呼吸

侧胸呼吸的意思是通过膈肌的上下运动来清空和充满肺部的气体交换方式。当吸气时，使胸廓向侧扩展，就像两个充满空气的大气球；呼气时，放掉气球中的空气，使胸廓还原向下，向着髋部的方向用力。

怎样去做侧胸呼吸呢？把双手水平放在胸廓的下部，两只手的中指刚好相触，这样可以监控胸廓的运动。慢而深地吸气，向侧方扩展胸廓，同时保持肩部放松和向下，注意手指之间的扩展，中指尖应该已经相互离开了；然后呼气，注意手指之间的距离缩小了，继续呼气使两指间的距离进一步缩小，直到中指尖重新碰到一起。停顿一下，然后重新开始练习。见图 3-2-43。

图 3-2-43 侧胸呼吸练习

（四）普拉提练习的要素

1. 专注

有意识地控制动作，要求把注意力集中在正在练习的肌肉上以及身体的控制上。

2. 呼吸

正确的呼吸方式，对正确地完成普拉提练习至关重要。许多人在练习时有憋气的倾向，或只是运用浅显呼吸到上胸部的习惯，这样会降低肌肉的工作能力。

3. 核心

普拉提对躯干的核心部位特别关注，视其为人体的中心，被称为人体"力量的源泉"。所有的动作都源自这个"力量源泉"，然后向外流向肢体的末端。

日常生活中也是从这个"中心"散发出身体的活力。

4. 控制

控制不是关乎强度和重复次数的问题，而是练习效果的问题，关键是质量而不是数量。普拉提要求我们练习时，完全控制所练习的肌肉，不提倡不精确和随意的动作。

5. 精准

在普拉提练习中，要求每个动作的每一个细节都非常精准地完成，注重于非常少的几个精确动作，而不是没完没了地重复错误的技术。

6. 流畅

普拉提要求平稳和持续的运动，而不是忽快忽慢地重复。普拉提练习是流动的，没有静止、孤立的动作。

7. 分化

在普拉提练习中，"分化"是感觉你的所有肌肉群的智力辨认练习。只有这样，才能练习到弱势肌肉，带来整个肌肉结构的和谐。

8. 定期

定期保持普拉提练习，每天为普拉提留出一些时间。

如果以上所有的要素结合在一起，普拉提就成了一个全身心、从精神到身体的练习，才能达到好的练习效果。

（五）普拉提动作

1. 跪俯卧撑

练习重点：核心力量。

锻炼肌群：核心肌群。

练习次数：3~5 组。

起始姿势：跪俯撑，两臂分开与肩同宽，两手位于肩关节的正下方，指尖向前。

动作过程：伸展颈部和背部，眼睛直视地面，吸气并收紧核心肌肉；呼气并屈肘使整个身体下降；吸气，呼气并推起身体。重复练习 5~10 次。见图 3-2-44。

图 3-2-44 跪俯卧撑

2. 肘撑

练习重点：核心力量。

锻炼肌群：核心肌群。

练习次数：3~5 组。

（1）肘撑（初级）

起始姿势：俯卧，前臂支撑，肘关节位于肩关节的正下方，掌心朝下或握拳压地，伸展颈部和背部，眼睛直视地面，吸气并收紧核心肌肉。

动作过程：呼气收腹，将腹部抬离地面，膝关节和小腿着地，保持脊柱和骨盆的中立位。保持这个姿势 6~8 次呼吸，然后下落还原。见图 3-2-45。

注意事项：保持躯干平直，伸展颈后部。

图 3-2-45 肘撑（初级）

（2）肘撑（中级）

起始姿势：俯卧，前臂支撑，肘关节位于肩关节的正下方，掌心朝下或握拳压地，伸展颈部和背部，眼睛直视地面，吸气并收紧核心肌肉。

动作过程：呼气收腹，将腹部抬离地面，双脚脚尖着地，保持脊柱和骨盆的中立位。保持这个姿势 6~8 次呼吸，然后下落还原。见图 3-2-46。

注意事项：保持躯干与地面平行，伸展颈后部。

图 3-2-46 肘撑（中级）

3. 仰卧卷腹（初级）

练习重点：核心力量、脊柱灵活性。

锻炼肌群：腹部肌群、脊柱周围肌群。

练习次数：5~8 组。

起始姿势：屈膝仰卧，膝关节向上指向天花板，两脚平行；两臂放于体侧，掌心向下；保持脊柱和骨盆处于中立位，伸长颈部和背部。

动作过程：呼气，慢慢从头部向上抬起，使肩胛骨离开地面，收缩腹肌使胸部向骨盆靠近，双手离地并向脚的方向延伸，保持 3~5 次呼吸，然后吸气还原；或进行动态练习，呼气抬起，吸气放下。见图 3-2-47。

视觉提示：感觉脊椎骨一节一节地从地面抬起。

注意事项：避免颈部过度屈曲；避免骨盆前倾，腰部尽量不离开地面；保持屈膝并且脚始终放在地面上。

图 3-2-47 仰卧卷腹（初级）

4. 一百次（初级）

练习重点：核心力量。

锻炼肌群：核心肌群、屈髋肌群。

练习次数：3~6 组。

起始姿势：屈膝仰卧，膝关节向上指向天花板，两脚平行；两臂放在体侧，掌心向下；保持脊柱和骨盆处于中立位，伸长颈部和背部。

动作过程：吸气，呼气收腹，抬起一条腿至小腿与地面平行，屈膝 90 度，保持 3~5 次呼吸；呼气，还原；然后换另一条腿练习。见图 3-2-48。

视觉提示：想象你把腿放在桌面上。

注意事项：保持骨盆的稳定，肩背部下沉放松，眼睛看着天花板方向。

图 3-2-48 一百次（初级）

变化：屈腿双腿（中级）

动作过程：呼气收腹，抬起一条腿至小腿与地面平行，屈膝 90 度；吸气保持稳定，呼气抬起另一条腿至水平，保持 3~5 次呼吸，然后依次还原。避免同时举起或放下双腿。见图 3-2-49。

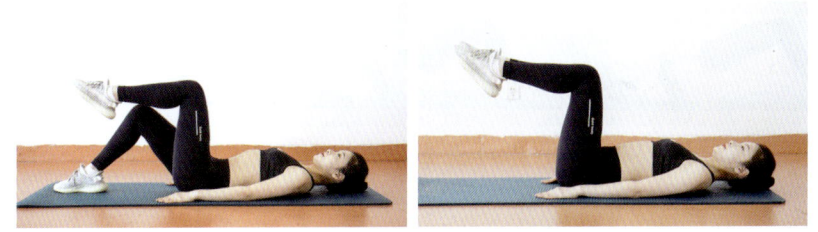

图 3-2-49 一百次（初级）——屈腿双腿

5. 肩桥（初级）

练习重点：脊柱灵活性以及腹部、背部、臀部和大腿的力量。

锻炼肌群：腹肌、背肌、臀肌、腘绳肌。

练习次数：5~8 组。

起始姿势：屈膝仰卧，分腿与髋同宽，脚平放在地板上，脚后跟几乎在膝关节之下（或你感觉舒适的位置），手臂放于身体两侧，沿着颈部后侧伸展脊柱。

动作过程：吸气，呼气并收腹，将骨盆前倾，从尾骨开始依次抬起每一节脊椎骨至肩部，直到身体形成一条斜线，同时脊柱处于中立位；吸气，呼气并收腹，从肩部开始依次落下每一节脊椎骨至起始位置。见图3-2-50。

视觉提示：想象你的脊椎骨一节一节地从地面上抬起。成肩桥时，你的身体像一个滑雪的斜坡。

注意事项：两腿始终保持平行位置，避免过度背伸。

图3-2-50 肩桥（初级）

变化：加手臂上举（初级）

动作过程：呼气成肩桥时，吸气将双臂上举至头顶，但不能触地；呼气下落成仰卧，吸气手臂还原，放在身体两侧。见图3-2-51。

图3-2-51 肩桥加手臂上举

6.坐姿脊柱扭转（初级）

练习重点：脊柱灵活性。

锻炼肌群：脊椎周围肌群。

练习次数：每侧3~5组。

起始姿势：分腿坐，上体直立，两臂侧举。

动作过程：吸气并收紧腹部；呼气，慢慢向一侧转动上体，直到感觉遇到阻力，保持；吸气，慢慢回到起始位置；然后换边练习。见图3-2-52。

视觉提示：在扭转过程中，始终让你的翅膀（两臂）保持在身体左右两侧，避免一前一后。

注意事项：只转动躯干的中上部，保持髋部摆正向前，背部始终保持直立。

第三单元　形体塑造篇

图 3-2-52 坐姿脊柱扭转

变化：腿部或手臂位置改变（初级）

这个练习的主要目的是通过扭转来提高脊柱的灵活性。如果感觉手臂、肩部有压力或不舒服，或大腿后部太紧张而坐不直，可以适当变化手臂和腿部的位置。

有两种手臂位置的变化可以选择，都可以降低肩部和上臂的压力。一种是两臂在体前相叠，手掌向下，指尖和相对的肘关节相触；另一种是两手放在胸骨前，两指尖相触，手臂放松。作为直腿坐的替换，可以盘腿坐或屈腿、膝部外开、两脚心相对。见图 3-2-53。

图 3-2-53 腿部或手臂位置改变的坐姿脊柱扭转

7. 单腿绕环（初级）

练习重点：骨盆稳定性。

锻炼肌群：核心肌群、屈髋肌群、内收肌群、外展肌群。

· 81 ·

练习次数：各方向 5~10 组。

起始姿势：分腿屈膝仰卧，两腿平行与髋同宽，抬起一条腿使大腿垂直于地面，小腿平行于地面，保持屈膝 90 度；保持脊柱和骨盆处于中立位，两臂自然放于体侧。

动作过程：吸气收腹，呼气，膝关节逆时针向外绕环，膝关节回缩时吸气；然后膝关节顺时针向内绕环；再回到起始姿势，最后放下腿还原。换腿重复。注意保持躯干和骨盆的稳定性。见图 3-2-54。

视觉提示：想象膝盖是笔尖，在天花板上画圆。

注意事项：画圆的大小依自身核心稳定能力而定，避免骨盆前后晃动；绕环速度应慢而稳定，用呼吸节奏控制速度，呼吸一次画圆一次。

图 3-2-54 单腿绕环

变化：直腿绕环（中级）

动作过程：屈膝仰卧时，将举起的腿向天花板伸直，用脚画大圆，保持膝关节松弛。见图 3-2-55。

图 3-2-55 直腿绕环

8. 单腿伸展（初级）

练习重点：骨盆稳定性、核心力量。

锻炼肌群：核心肌群、腹部肌群、屈髋肌群。

练习次数：每侧 6~12 组。

起始姿势：屈膝仰卧，膝关节向上指向天花板，两脚平行；两臂放在体侧，掌心向下；保持脊柱和骨盆处于中立位，伸长颈部和背部；抬起一条腿至小腿与地面平行。

动作过程：呼气收腹，将抬起的腿向前伸直，至与地面呈 45 度角，吸气收回和落下。换腿进行练习。见图 3-2-56。

注意事项：始终保持骨盆的稳定，避免腰椎前凸。

图 3-2-56 单腿伸展

变化：双腿抬起，单腿伸展（中级）

动作过程：准备姿势同上。将双腿依次抬起至小腿水平位，膝关节分开与髋关节同宽，呼气将一条腿向前伸直与地面呈 45 度角；吸气、呼气的同时交换腿。重复进行。见图 3-2-57。

图 3-2-57 双腿抬起，单腿伸展

9. 祈祷式（背伸展）（初级）

练习重点：伸展和放松。

锻炼肌群：背部肌群。

练习次数：2~3 组。

起始姿势：跪撑，膝关节在髋关节的正下方，两腿分开与髋同宽，双手在双肩的正下方撑地，与肩同宽，肘关节松弛；眼睛看地面，头部、颈部和背部伸展，脊柱和骨盆位于中立位。

动作过程：吸气，呼气收腹，身体重心使向后移动，坐在脚后跟上，胸部放在大腿上，手臂向前伸展并放松，前额贴在地板上，头部放松。保持这个姿势一定的时间，利用重力和深呼吸使身体彻底放松。见图 3-2-58。

注意事项：如果膝关节有伤，不要做这个动作。假如你不能坐在脚后跟上也不用担心，保持舒适的位置即可。

图 3-2-58 祈祷式（背伸展）

图 3-2-59 手放在背后的祈祷式

变化：手放在身后（初级）

动作过程：动作同上，只是手臂的位置不同。当向后坐时，把手放在身后，靠近身体，掌心向上，保持一定的时间。这个姿势可以让肩部和颈部有些许不同的伸展。见图 3-2-59。

小贴士

肌肉放松的方法

力量练习过后，需要对练习的肌肉进行放松，练习者可以采用肌肉静力性拉伸法，缓解肌肉的疲劳，减少乳酸堆积，从而提高训练质量。

静力性伸展运动是在一定时间里，缓慢地将肌肉、肌腱和韧带拉伸到一定活动范围内并停留一定时间的练习方法。静力性伸展有两种形式，即主动性伸展和被动性伸展。主动性伸展要求始终依靠自身力量完成练习，并保持20~30秒。被动性伸展是指借助外力进行的静力性伸展练习。在做静力性伸展运动时，每一个动作停顿20~30秒，重复动作两次，每周练习5~7次，要求动作缓。这种方法可以避免机体产生牵张反射，有利于肌肉的伸展。

三、瑜伽身心平衡训练

（一）瑜伽的起源

瑜伽起源于印度，由"Yoga"音译而来，印度哲学六大门派中的一派；它作为一种古老的有益身心的修炼方式，至今已有五千多年的历史。古印度语（梵文）对于"瑜伽"的诠释是："自我与原始动因的一致结合"，即"平衡"的意思。

（二）瑜伽的功能

瑜伽强调"身心平衡"的哲学理念。在缓慢优雅的音乐伴奏下，让练习者有一种"回归自然"的感受。在练习中会让人感到每一块骨骼、每一束肌肉都在彻底舒展，心灵也得以完全释放，仿佛整个人置身于一个静谧、祥和的至美境地。当进行配合节奏音乐的身体练习时，则强调伸展全身肌肉、韧带，塑造优美的身体曲线，保持柔韧的身材，并注重呼吸的方式与调节。所以瑜伽不仅可以美化练习者的外在形象，还给人一种来自内心的力量，使之有利于达到减缓心理压力、消除情绪紊乱的健身功效。

（三）练习瑜伽时应注意的问题

1. 时间

练习瑜伽最好是在饭后两三个小时为宜。清晨是个不错的选择，傍晚的练习更有助于解除一天的疲劳，让人恢复精力。

2. 地点

练习地点对于瑜伽格外重要。尽可能选择安静、干净、舒适、通风的地方。

3. 垫子

应选择一张由天然材料制成的薄厚、软硬适中的垫子。

4. 着装

瑜伽有大量的扭转、伸展躯干和四肢的动作，因此最好光脚、身着宽松的服装进行练习。练习时除去手表、腰带或其他饰物。

5. 饮食

尽量避免进食一些过于油腻、辛辣和容易导致胃酸过多的食物。练习结束30~40分钟后再进食。

6. 警言

身体不适时不要勉强自己。做瑜伽练习时，每个动作适度而止。

（四）瑜伽基本动作

古印度人通过观察大自然林林总总的动植物，发现它们具有体现旺盛生命力的超强自愈力与自治力。古印度人通过对动植物的模仿创立了8万多个瑜伽动作，随着时间的推移，目前仅存留下来几百个历经演变的精华动作，可供我们在锻炼中选择。以下是一些简易的瑜伽动作，适合入门者练习。

1. 伸臂功

方法：按基本站姿站立，两手于胸前合十。吸气，两手慢慢举至头顶上方，挺胸，收腹，伸展脊柱；头尽量后仰。呼气，慢慢伸直上体，合十的双手放于胸前，低头放松。如图3-2-60所示。此动作重复3次。

效果：扩展胸部，伸展颈部，伸展两手臂及整个身体前侧，可以减除腹部多余脂肪，使腹肌平滑、有力，同时增强胸椎、脊椎的弹性及增大肺活量。

图3-2-60 伸臂功

2. 扩胸式

方法：按基本站姿站立。吸气，两手从旁分开，慢慢上举至头顶上方，双手合十，尽量伸直肘部。呼气，屈膝，臀部往下坐，身体重心下移，保持自然呼吸30~60秒。吸气，慢慢抬高身体。呼气，两手从旁分开，慢慢放下，放于体侧。此动作重复3次后，闭上眼睛放松全身。如图3-2-61所示。

效果：扩展胸部，增强胸大肌力量；增加肺活量，提高血液中氧的含量；延缓全身器官衰老；促进血液循环。女性常做此练习，有丰乳之功效。

图 3-2-61 扩胸式

3. 顶天式

方法：按基本站姿站立。吸气，两手臂前平举。呼气，两手臂侧分，在体后十指相交；伸直肘部，手心朝内（如肘部不能伸直，切勿勉强）；双肩后收，夹紧背部。抬头，伸展颈部，眼望上方，保持自然呼吸。如图3-2-62所示。呼气，放松双肩；双手臂在胸前相抱；微微低头，全身放松。吸气，慢慢回到正中位置。此动作重复2~3次。

效果：扩展胸部，收紧腹部，缓解肩部疼痛及肩周炎。颈部前侧得到伸展，消除下颌多余脂肪，增强脊柱的弹性。

空乘人员形体及体能训练

图 3-2-62 顶天式

4. 腰躯摇摆功

方法：按基本姿势站立。双腿分开，屈肘，十指在背后相交。以腰部为支点，身体按顺时针方向转动 3~5 次，然后按逆时针方向转动 3~5 次。如图 3-2-63 所示。

效果：使手臂柔韧，减少上臂多余脂肪；减少腰腹部多余脂肪；按摩腹部内脏器官，增强肠胃功能，改善消化不良。

图 3-2-63 腰躯摇摆功

5. 侧身伸展式

方法：按基本三角式站立。屈右膝，双手侧平举。呼气，以腰为轴，上体右转，右手尽量触及右脚外侧的地面；左手指向天空，再继续指向右前方。保

持自然呼吸，体会从左脚外侧沿腰左侧，经腋窝、手臂到指尖伸展的感觉。

吸气，右手离开地面，上体缓缓回到中间。

呼气，以腰为轴，上体左转；在左侧做同样的练习。如图 3-2-64 所示。

效果：加强两腿的力量，消除腰腹部多余脂肪；柔韧脊柱，加强脊柱的弹性；锻炼身体的平衡感。

图 3-2-64 侧身伸展式

6. 束角式

方法：按基本坐姿坐好，屈膝脚心相对。双手十指交叉，手心抱住脚尖；脚跟向后挪，尽量靠近会阴；伸直脊柱，伸直颈椎，眼望前方。

呼气，以腰部为支点，身体前倾，慢慢使整个身体贴近地面；前额贴近地面；肘部贴近膝盖窝，将两膝压向地面，保持自然呼吸；停留 20~30 秒。吸气，继续以腰部为支点，慢慢抬起整个背部；抬起两肘；伸直脊柱，放松。此动作重复 3~5 次。如图 3-2-65 所示。

效果：按摩腹部内脏器官，预防和缓解坐骨神经痛，预防腿部静脉曲张。

图 3-2-65 束角式

7. 小桥式

方法：仰卧，双手放于体侧，手心朝下，向上稍屈膝。吸气，慢慢抬起臀部；伸直双膝，收紧臀部保持此姿势数秒。呼气，慢慢放下所有抬起的部位；自然呼吸。此动作重复 2~3 次。如图 3-2-66 所示。

效果：强壮双腿，强壮腰骶椎和背部；使腹部变得平滑、有力；使臀部变窄并上翘；身体前侧全部得以伸展。

图 3-2-66 小桥式

8. 后伸展式

方法：俯卧，两手放于体侧，手心向下。双手在臀后十指交叉，伸直肘部。吸气，两肩后收，夹紧背部；手用力向腿的方向伸展；头、颈、胸离开地面；大腿前侧紧紧贴近地面；自然呼气。呼气，分开十指；将头、颈、胸及双臂轻轻地放落到地面。此动作重复 3~5 次。如图 3-2-67 所示。

效果：增强脊柱的弹性，加强下背部力量，缓解腰背的疼痛；扩张胸部，增强胸肌的弹性，锻炼胸大肌；伸展颈部，延缓衰老。

图 3-2-67 后伸展式

9. 单腿前伸展式

方法：按基本坐姿坐好。屈左膝，左脚心紧贴左腹股沟处。呼气，上体前移，尽量贴近右腿前侧；双手前伸抓住右脚尖。吸气，抬头；伸展整个背部。换左腿做同样练习。如图 3-2-68 所示。

效果：减少腹部多余脂肪；伸展两腿，预防膝关节疼痛及轻度关节炎；放松两髋及脚踝；矫正扁平足。

图 3-2-68 单腿前伸展式

10. 鞠躬式

方法：按基本站姿站立。两手臂举至头顶，屈肘，手握另一手的肘部；呼气，以腰部为支点，上体前屈 90 度，保持 30~60 秒。

吸气，慢慢抬起上体；呼气，两手臂侧分，放于体侧。此动作重复 3~5 次。如图 3-2-69 所示。

效果：延伸脊柱；对腹直肌和内脏器官有一定的益处；也可缓解腰背部的疼痛。

图 3-2-69 鞠躬式

11. 屈膝站立式

方法：按基本站姿站立。左腿屈膝，左脚心紧靠右大腿内侧；左手抓住左脚背，将脚跟移至会阴处；脚尖指向下方右膝，大腿尽量向外侧展；双手合十于胸前。右腿平衡身体，慢慢将双手举至头顶上方，做几次伸长呼吸。呼气，慢慢放下双手臂及左脚。换右脚做同样练习。每侧做2~3次，回到基本站立式，放松。如图3-2-70所示。

效果：扩张胸部；提高平衡感；增强集中注意力的能力；使脊柱更稳固、体态更好。

图3-2-70 屈膝站立式

12. 臀部平衡功

方法：按基本坐姿坐好。吸气，屈膝，两手抓住两脚尖；呼气，两脚慢慢上举，伸直膝盖，身体以臀部着地保持平衡，自然呼吸30~60秒。吸气，屈膝收回腿；呼气，松开两手放于体侧，两腿向前伸直放松。此动作重复2~3次。如图3-2-71所示。

效果：改善人体的平衡，减少腹部的多余脂肪，强壮腰背部，柔韧双腿韧带。

图3-2-71 臀部平衡功

13. 腰躯转动式

方法：按基本三角式站立。呼气，以腰为轴，上身躯干朝左方转动；左手触摸右侧腰；右手触摸左肩；右肘部与两肩平齐；保持自然呼吸 30~60 秒；体会右侧腰部的拉伸。吸气，回到中间。呼气，转右侧做同样练习。吸气，回到基本三角式。此动作重复两次。如图 3-2-72 所示。

效果：增强脊柱的弹性，减轻长时间坐姿给脊椎、腰椎造成的压力；减轻腰部疼痛，放松肩关节。

图 3-2-72 腰躯转动式

14. 铲斗式

方法：按基本站姿站立。两脚分开，两臂上举，手腕放松，手指自然垂落。深吸一口气，然后呼气；以腰为轴，上体快速垂下，两手臂在两腿中间自然摇摆。吸气，以腰为轴，由下背经中背、上背到颈椎、头，依次逐渐抬高上体。此动作重复 3 次。如图 3-2-73 所示。

效果：滋养脊柱神经，安神补气；消除紧张的神经，清新头脑。

图 3-2-73 铲斗式

15. 瑜伽调息

呼吸是联系生理和心理的桥梁，是了解生理状况和心理状况的窗口。正常的呼吸是身心健康的基础，也是瑜伽修炼的灵魂。调息的目的既在身体方面，也在精神方面。

方法：以一种舒适的瑜伽坐姿打坐，合双眼。在练习时始终要放松。用力做呼气的过程，让吸气自发地慢慢进行。每次呼气之后，只做一刹那的悬息，然后慢慢吸气。呼气 50 次之后，在做第 51 次呼气时，尽量呼尽肺部的气体。悬息时一起做收颔收束法、收腹收束法和会阴收束法。在做瑜伽调息练习时，应集中精力意守眉心；尽量长时间地悬息，但以感到舒适为限；然后解除三种收束法，慢慢吸气。此为 1 个回合，做 25 个回合。如图 3-2-74 所示。

基本坐姿　　　　　替换的做法（1）

替换的做法（2）

图 3-2-74 瑜伽调息

效果：调息法可使腹部肌肉、脾脏、肝脏和胰脏活动旺盛；洁净和加强肺脏功能。

注意：不可在空气污浊的地方练习。

16. 瑜伽冥想

瑜伽冥想的目的在于获得内心的和平与安宁，可以与呼吸法同步练习。

方法：以一种舒服的姿势静坐。闭起双眼或微睁双眼，做5次完全的呼吸。继续做完全呼吸，以感到舒适为限度，与呼气过程一样长诵念瑜伽音"噢—姆"。吟诵练习约10次。然后呼气和吸气时都在心里对自己念"噢—姆"音，每次吸气，感到身体每一个细胞都充满了这种和平、宁静和力量。每次呼气，感到无数的"噢—姆"音把这和平传播到整个环境、整个宇宙以至一切生灵上去。练习至少50次。如图3-2-75所示。

17. 身体放松

身体放松法主要是通过瑜伽的调整姿态（调身）、呼吸（调息）、意念（调心）而达到松、静、自然的放松状态。

方法：练习者静卧，微闭双眼，深沉吸气，慢慢呼气，精神安宁，注意呼吸节律；使全身放松，体验全身肌肉放松后无力的舒适感。同时暗示："全身肌肉放松后，精神得到充分放松，四肢不能动了，眼睛睁不开了，脑子也不想了，睡吧！睡吧！睡着了，精神彻底放松解脱了……"如图3-2-76所示。

图 3-2-75 瑜伽冥想

图 3-2-76 身体放松

> **小贴士**
>
> **"伸展运动"的秘诀**
>
> 瑜伽运动的主要动作是伸展运动，按科学方法把躯体和四肢伸展开是保证塑造健美形体的先决条件。实践证明，过于强烈或加速伸展肢体，非但达不到健美形体的目的反而会使肌肉变得僵硬。在做瑜伽健美操时，要缓慢地做好每一个伸展动作，让肌肉一张一弛地拉伸才能达到健美形体的效果。

模块三　形体姿态训练

学习目标

1. 了解自身形体姿态的不足；
2. 学会形体姿态训练的基本方法。

一、形体姿态训练的基本概念

（一）基本手形

手指在放松的情况下自然并拢，拇指与中指的第二关节靠近，食指微翘，掌心呈椭圆形，手形和手腕保持圆弧形，整个手的形态要形成圆润、自然、柔和的流线型线条。如图 3-3-1 所示。

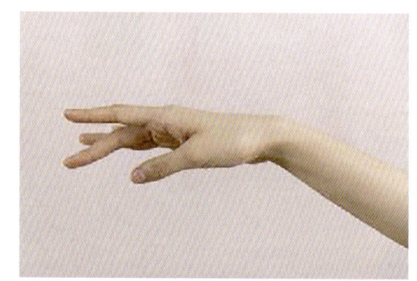

图 3-3-1 基本手形

(二) 基本手位

形体训练中的基本手位共有七位，如图 3-3-2 所示。

一位手：两臂圆屈下垂，指尖相隔几厘米。

二位手：两臂圆屈向前抬起，正对着下肋。

三位手：两臂圆屈上举，指尖相隔几厘米。

四位手：一臂成三位手，另一臂成二位手。

五位手：一臂成三位手，另一臂向旁打开。

六位手：一臂成二位手，另一臂向旁打开。

七位手：两臂圆屈向旁边平举，小臂与肘同样高。

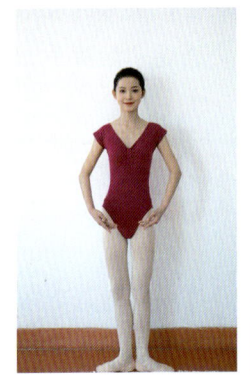
一位手
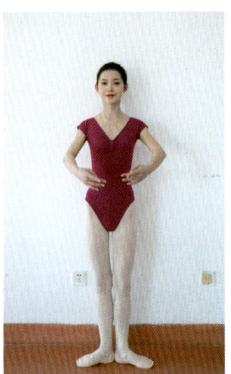
二位手

三位手

四位手

五位手

六位手

七位手

图 3-3-2 基本手位

练习注意事项：

（1）手臂在运动过程中，手臂的两个支撑点"手指"和"胳膊肘"要保持在一条线上，整个手臂形态要圆润、流畅，始终保持圆弧形，两肘在运动时要位于两肩的前方，防止过于向后和下垂的毛病。

（2）手臂在七个位置的运动中，肩部要始终保持不动，两肩不参与手臂的动作，肩胛骨要沿脊椎向下压，并用力控制住肩和后背。

（3）在练习三位手和七位手时，要注意手位的准确性，三位手不能超越头顶前上方，七位手不能超越"肩线"，特别是做七位手时双臂要稍微靠前一点。

（4）当手臂练习加进头的动作时，要注意头和手臂的配合，头部的动作要自然协调，脖颈不能发僵，眼睛要随着手的动作而动，强调"眼随手动"的协调性。

（三）基本脚位

脚的基本位置是芭蕾基础训练的重要内容，也是芭蕾外开性要求的基本保证。在课堂训练及舞台表演中，从扶把到中间练习，从每一个舞姿造型到各种技术技巧练习，都离不开脚的五个基本位置，掌握正确的基本脚位，是每一个专业演员必备的素质。

一位脚：两脚脚跟闭拢，脚尖向旁打开90度角成水平线，脚掌放松，紧贴地面，双腿膝关节正对脚尖并完全伸直，身体的重心平均分配在两个脚上。

二位脚：两脚在保持一位的情况下，将动作腿向旁移出约一脚掌的间距，两脚外开仍保持在一条水平线上，身体重心放在两脚的中间线上。

三位脚：在支撑腿保持一位外开的情况下，将动作腿（脚跟）收到主力脚脚掌前二分之一处，两脚相互贴紧，双腿并拢并完全伸直。

四位脚：双脚在保持五位外开情况下，将动作腿向前平移约一脚掌的间距，前脚脚跟与后脚脚尖对齐，重心平均分配到两腿的中间线上，这是四位的"闭位"做法。四位"开位"的做法则要求前脚的脚跟与后脚的脚跟对齐。

五位脚：双脚在保持三位脚的情况下，将动作腿完全收到主力脚前，动作腿的脚跟紧贴支撑脚的脚尖。

如图 3-3-3 所示。

一位脚　　　　　二位脚　　　　　三位脚

四位脚　　　　　五位脚

图 3-3-3 基本脚位

练习注意事项：

（1）在练习脚的基本位置时，脚掌要放平紧贴地面，脚趾要伸展放长，两脚用力要均匀，切记不能用脚趾抓地，不能"倒脚"。

（2）在要求脚位外开时要求从髋关节处开始打开，要将整个大腿的内侧肌转开，使外开自上而下地贯穿到脚位上。

（3）在练习五位脚前，应先练习三位脚，当学生举握了五位脚以后，就没有练习三位脚的必要了。练习脚位的顺序是一位脚、二位脚、三位脚、五位脚，四位脚放到最后再练习。

（四）基本方位

让学生了解和认识舞台和教室的空间结构和身体动作的方位，使学生在今后的训练及表演中能正确把握身体动作的方位和运动路线，培养良好的舞蹈方位感；同时，在以后的具体运用过程中，能清晰分辨舞台的八分之一、四分之一、二分之一等不同方位概念，为进一步练习打下基础。

当你站在场地中央时，从你的前、后、左、右会放射出8条射线，这就是我们通常所说的8个方向点。如图3-3-4所示。

1点——正前方
2点——右前方
3点——正右方
4点——右后方
5点——正后方
6点——左后方
7点——正左方
8点——左前方

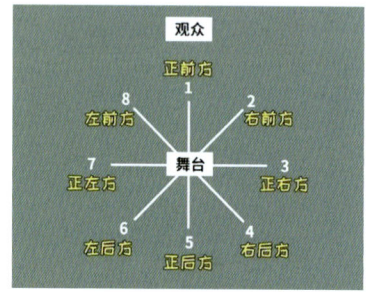

（每向右转45度为一个方向点位）

图3-3-4 基本方位示意图

二、静态姿态训练

静态姿态是指人静止时的姿态。它像照片一样，定格在人体瞬间的姿态。静态姿态是动态姿态的基础，是形体姿态塑造的重要因素。

我们发现，在日常生活中，人们的静态姿态是以直立状态为基础的，而人体的脊椎被视为人体运动的关键点。脊椎不仅成为稳定的关键，亦是高度理性精神与高贵气质的代言与表征。在舞蹈界，躯干被认为是"情感区域"，挺拔躯干的姿态，在舞蹈文化中意味着高贵与理性。而人们在日常生活中随着躯干姿态的变化，往往也会不自觉地体现出一个人的情感。因此，我们将脊椎的训练作为静态姿态训练的切入点。

（一）身体各部位感知训练

动作要领：

（1）双脚跟相并，脚尖向外打开成外八字，双脚大拇指、中趾、小趾、脚掌、脚跟这五个部位贴地；

（2）从脚腕开始向外侧扭提，经小腿、膝盖、大腿直至臀部，同时提起双臀；

（3）腰和胯继续上提，两肋骨锁住，收腹，脊椎一节一节上提，双肩下沉，同时两肩胛骨稍向后打开；

（4）颈椎上提，双眼平视前方；

（5）气沉于丹田。如图 3-3-5 所示。

图 3-3-5 身体各部位感知训练

（二）身体站立姿态训练

站立是人体姿态的基础。练习者了解和掌握了正确的站立姿态感觉，才能训练出优雅的姿态美。因为站立是确立一个人重心感的基础，生活中人们的各种身体动作姿态必须要合理自如地控制人体的重心，才能展现出人体的姿态美。人体由头部、躯干、手臂、大腿、小腿、脚各部位组成，这些部位都有各自的重心，要想把它们组成人体的总重心，就必须让各部位归于各自正确的位置。而正确地站立是人体各部位归位的唯一方法。所以，只有解决了正确站法的问题，才能形成良好的身体姿态，也是解决重心感的基础，才可以进行其他方面的训练。

1. 并脚站立

双脚并拢,但不要靠得太紧,脚尖正对前方(即不要外开)。两膝位于脚趾的上方,体重平均落在脚的三个点上(即拇趾关节,小趾关节和脚跟上)。两臂柔和下垂于两侧,后背尽量向上挺直,头顶正对脚背上方。两眼平视前方,视线集中在位于两眼水平线上的某件物品上。见图 3-3-6。

注意:在这一阶段不要提胸,只把后背向上提起,头部姿势可以自由。

2. 半脚尖站

吸气站半脚尖,重心略微向前超过拇趾下肉球,同时两臂抬起成二位,高度不要超过胸骨。见图 3-3-7。

图 3-3-6 并脚站立　　　　　　　图 3-3-7 半脚尖站

3. 落脚跟站

放下脚跟,保持重心略微向前超过拇趾底下肉球。这样一来,平衡的中线就从头顶落到拇趾下肉球前方。腹部肌肉和大腿内侧肌肉必须往上收,臀部肌肉则应往下往里收,才能保持这个姿势和平衡。见图 3-3-8。

4. 一位站

两臂向外成七位,两腿从髋关节开始外开,两脚成一位,重心仍然保持前倾,直立的姿势不变。这时候对于有些颈部较短的练习者来说,可以略微把头往上抬,并重新调整视点。见图 3-3-9。

图 3-3-8 落脚跟站

图 3-3-9 一位站

练习注意事项：

（1）脊椎要彻底伸展拉直。要自下而上地向上延伸，双肩打开自然下垂．肩胛骨要沿后背脊椎向下延伸，整个后背要形成"上提下沉"的两股力道，背肌和腹肌前后收紧形成夹板，使后背保持直立挺拔的姿态。

（2）胯部保持正位要向上提，臀部肌肉用力收紧使胯保持稳定，双腿的肌肉从胯根开始收紧并向下延伸，整个身体的肌肉收紧要沿人体的垂直线上下贯通。

（3）双脚的外开要从胯根开始用力，脚掌要充分展开并紧贴地面，身体的重心要平均分配在两个脚掌上，脚腕保持直立不能歪斜，双脚在站立时要有意识地把力量向下延伸。

（4）要注意站立时正确的呼吸方法，吸气和呼气要控制在肋间肌向两侧扩展，切记不要提胸压腹。

三、动态姿态训练

动态姿态是指人体运动时身体所呈现的样子，它是相对于静态姿态而言的。我们常常发现每个人都能在摄影师的指导下拍出美丽的艺术照，而这种人体的外在美是可以通过摆出优美的姿势外加各种修饰来实现的。但生活中的人体美却与此有所不同，运动起来的人体会展现不同的风采，这就是动态姿态在发生作用。由此看来，动态姿态对于一个人仪态美的塑造至关重要。我们知道，做动作时，无论是静态还是动态，肌肉用力应采取对抗肌群的用力方法，这也叫运用内力。有了符合规范的动作外形，才能够掌握正确的用力方法和适宜的力度，动作就会自然、质朴、优美；不仅如此，随时保持肌肉必要的紧张程度，对于保持身体的平衡、动作的稳定性都有十分重要的意义。因此，对人体的动态姿态训练是人体仪态美塑造的重点。

（一）头颈部位姿态训练

1. 头部基本位置

头是身体的重要组成部分，是智慧的根源，也是构成舞姿的重要部位。在舞姿训练中，有头、颈的恰当配合会使舞姿更优美。在动作过程中，头、眼及面部表情的及时配合，能产生传神达意的效果，会使动作更富有生命力。在跳转翻等技巧的练习中，有头、眼的及时配合，会使技巧变得灵活、自如，给动作增光添彩。

头与身体其他部位一样，有自身的运动规律。在站立或坐立中，颈部要保持挺拔，不要紧张，头保持直立，双目平视，面部表情高雅而自然。头部的动态训练可为后面与身体各部位协调配合打下良好的基础。

（1）正面：面向正前方，眼平视，见图3-3-10。

（2）低头：在保持盘坐基本姿态的基础上，用下巴找胸口，使颈椎抻长到最大限度，见图3-3-11。

（3）仰头：在保持盘坐基本姿态的基础上，用后脑找后背，抻长到最大限度。注意颈部要伸直，沉肩，见图3-3-12。

（4）倾头：在保持盘坐基本姿态的基础上，用耳朵找肩，抻长到最大限度，见图3-3-13。

（5）转头：在保持盘坐基本姿态的基础上，头部由鼻尖带着向左或右画一个平稳的"一"字，转到最大限度。注意颈部要伸直，且保持身体不要跟随转动，见图3-3-14。

图 3-3-10 正面　　图 3-3-11 低头　　图 3-3-12 仰头　　图 3-3-13 倾头　　图 3-3-14 转头

（6）涮头

将前面（1）~（3）三个动作依次连贯起来做（低头、左右倾头和仰头），使头部在最大限度上做平圆运动，见图 3-3-15。

图 3-3-15 涮头

2. 头部姿态训练组合

（1）头眼组合

示范视频 01
头部姿态训练组合

准备姿势　　（1）　1~4 拍　　　5~8 拍　　　（2）　1~4 拍
面向 1 点，双腿盘坐，双　　7 点中；　　从 7 点中到 1 点中。　　3 点中；
手背后。预备：（1×8 拍）。

5~8 拍　　　（3）　1~2 拍　　　3~4 拍　　　5~6 拍
从 3 点中到 1 点中。　　7 点中；　　1 点中；　　3 点中；

7~8 拍　　　（4）　1~7 拍　　　8 拍　　　（5）　1~4 拍
1 点中。　　从左向右看上弧线；　　回 1 点中。　　1 点上；

5~8 拍　　　（6）　1~4 拍　　　5~8 拍　　　（7）　1~2 拍
1 点中。　　1 点上；　　1 点下。　　1 点上；

图 3-3-16 头眼组合

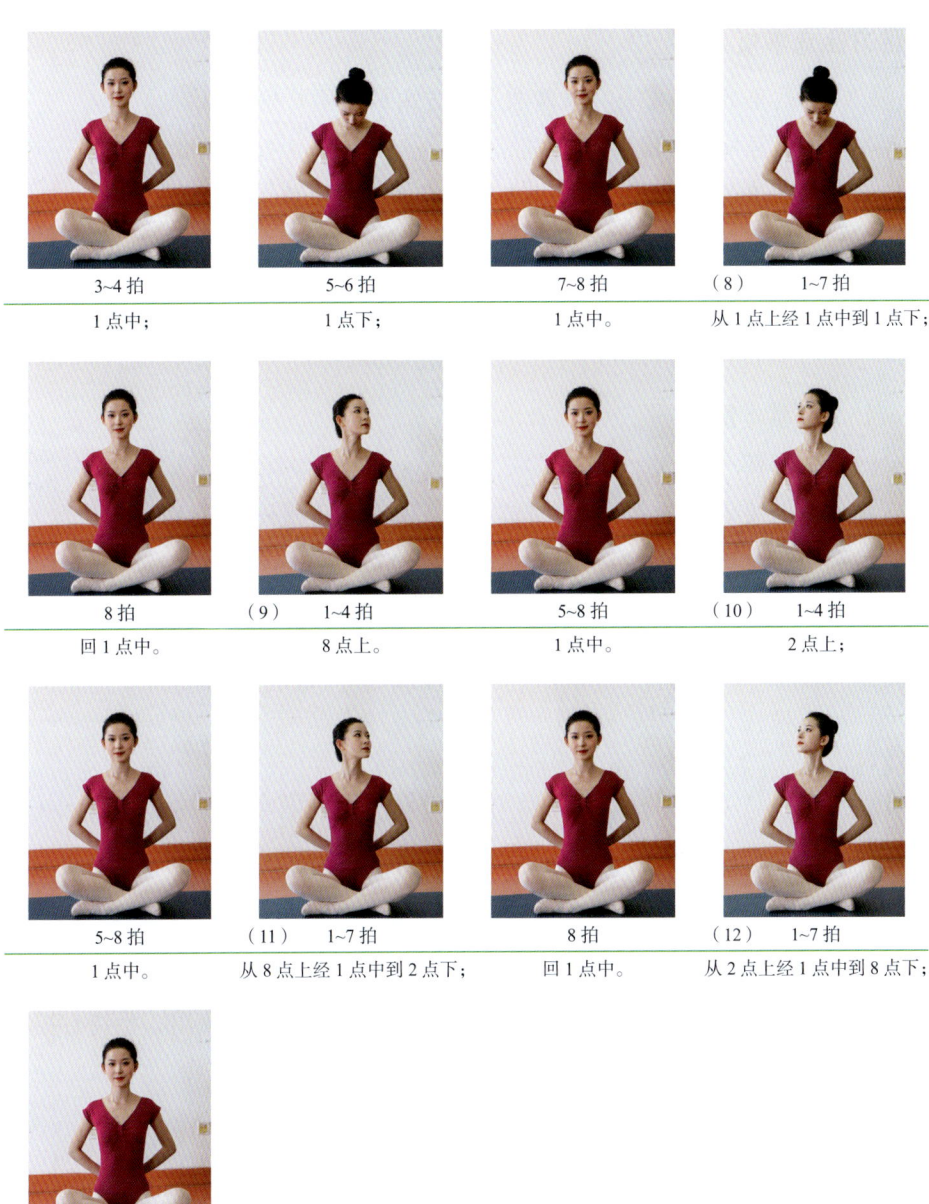

图 3-3-16 头眼组合（续）

> **练习注意事项:**
> （1）这里的拍/节是指眼睛看某个方向的时间长短；
> （2）这里的点位是指眼看向的方向；
> （3）这里的上、中、下是指每个点位方向眼睛看向的角度；
> （4）练习过程中，眼睛要看实物目标，眼神不能飘浮不定。

（二）上肢部位姿态训练

1. 上肢基本臂形

（1）弧形臂

沉肩，肘关节微提，双手臂延伸状态下呈弧形，见图 3-3-17。

五位手　　　　　　六位手

图 3-3-17 弧形臂

（2）直形臂

肘、腕、手呈一直线延伸，指尖略低于前臂，腕关节略突出，手指有控制地尽量远伸，见图 3-3-18。

变形六位手　　变形七位手　　变形四位手　　变形三位手

图 3-3-18 直形臂

示范视频 02
上肢姿态训练组合
（正面示范）

示范视频 03
上肢姿态训练组合
（背面示范）

2. 上肢姿态训练组合

预备（2×3 拍）
右脚在前的五位脚，胸对 8 点，看 1 点，手一位；

1×3 拍
双手侧起小七位；

1×3 拍
双手回一位，眼看 8 点下。

（1） 1×3 拍
双手二位手。

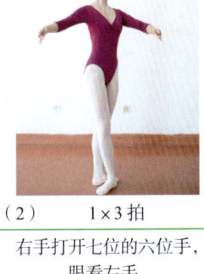
（2） 1×3 拍
右手打开七位的六位手，眼看左手。

（3） 1×3 拍
变形的六位手，眼看 8 点上。

（4） 1×3 拍
双手回一位，眼看 8 点下。

（5） 1×3 拍
双手二位手，眼看手。

（6） 1×3 拍
左手打开七位的六位手，眼看 1 点。

（7） 1×3 拍
变形的六位手，眼看 8 点上。

（8） 1×3 拍
双手回一位，眼看 8 点下。

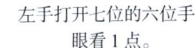
（9） 1×3 拍
双手二位手，眼看手。

（10） 1×3 拍
右手到三位的五位手，眼看 1 点上。

（11） 1×3 拍
变形的五位手。

（12） 1×3 拍
双手二位手，眼看手。

（13） 1×3 拍
双手二位手，眼看手。

图 3-3-19 上肢姿态的训练组合

（14） 1×3拍	（15） 1×3拍	（16） 1×3拍	（17）～（32）同（1）～（16）
上手三位，眼看1点上。	变形的三位手，左脚侧点地，眼看8点上。	面向2点，双手落回一位，左脚收前五位，眼看2点。	

图 3-3-19 上肢姿态的训练组合（续）

练习注意事项：

（1）做弧形臂动作过程中，要注意肘关节和手指的控制，保持这两个支撑点的稳定。

（2）肘关节和手指两个支撑点要保持在一个水平面上，手臂始终呈椭圆形。

（3）手臂摆动时注意上臂带动前臂，避免肩部和前臂先发力。

（4）注意手和臂的姿态控制，肌肉达到一定的紧张程度。

（三）中段部位姿态训练

1. 基本动作

（1）沉

盘坐准备。腰发力，身体呼气下沉，气沉丹田，带动脊椎从自然垂直状态一节一节往下落（从尾椎开始，经过腰椎、胸椎、颈椎，最后是头部），形成上半身放松垂落的自然弯曲状态，同时眼睛也随之慢慢收神。注意沉的过程是脊椎的垂直下落运动，忌偏离中轴线往前倾。见3-3-20。

（2）提

盘坐准备。在沉的基础上，腰发力，身体深吸气上提，带动脊椎从放松弯曲状态一节一节往上提起（从尾椎开始，经过腰椎、胸椎、颈椎，最后是头部），最后回到上半身直立的状态，同时眼睛随之渐渐放神。注意沉肩，气息始终沉在丹田而不能带到胸口上去；提的过程是脊椎的垂直上提运动，忌偏离中轴线前倾或后倾。见 3-3-21。

图 3-3-20 沉

图 3-3-21 提

（3）冲

盘坐准备。提气后，腰发力，在沉的过程中由一侧的胸带动上身往 2 点（或 8 点）水平冲出到最大限度（臀部不离地）。注意肩与地面保持平行，骨盆固定，沉肩，腰侧肌拉，长脊椎拉长。见图 3-3-22。

（4）靠

盘坐准备。与冲相反，腰发力，在沉的过程中由一侧的肩胛骨及后背带动上身往 6 点（或 4 点）水平后靠到最大限度（臀部不离地）。注意肩与地面要保持平行，骨盆固定，沉肩，腰侧肌拉长，脊椎拉长。见图 3-3-23。

图 3-3-22 冲

图 3-3-23 靠

（5）含

盘坐准备。腰发力，在沉的过程中由后背带动往正后拉（含胸），两肩往里收（裹肩），头卷向肚脐方向用力，使后背呈半圆形。注意沉肩。见图

3-3-24。

图 3-3-24 含

（6）腆

盘坐准备。与含相反，腰发力，在提的过程中由胸带动往正前拉（展胸）到最大限度，两肩往后，脊椎拉长（呈下弧线）。见图 3-3-25。

图 3-3-25 腆

（7）横移

盘坐准备。提气后，腰发力，在沉的过程中由一侧的腰椎往正旁（3 点或 7 点）水平移出到最大限度（臀部不离地），头往反方向倾。注意肩与地面保持平行，骨盆平稳固定，沉肩，腰侧肌拉长，脊椎拉长。见图 3-3-26。

图 3-3-26 横移

2. 中段姿态训练组合

预备（1~4拍）	5~8拍	（1） 1~4拍	5~6拍
盘坐，双手搭在双膝上，眼看1点；	沉，眼看1点下方。	盘坐，双手搭在双膝上，眼看1点；	腆，眼看1点上。

（2）1~4拍	5~6拍	7~8拍	（3） 1~4拍
延续上组动作5~6拍。	提，眼看1点；	沉，眼看1点下方。	提，眼看1点；

5~8拍	5~6拍	7~8拍	（5） 1~4拍
含，含胸低头。 （4）1~4拍：停；	提，眼看1点；	沉，眼看1点下方。	提，眼看1点；

5~8拍	5~6拍	7~8拍	（7） 1~4拍
仰，眼看1点上。 （6）1~4拍：停；	提，眼看1点；	沉，眼看1点下方。	提，眼看1点；

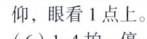   

5~8拍	（8） 1~2拍	3~4拍	5~6拍
腆，眼看1点中。	含，含胸低头；	提，眼看1点；	仰，眼看1点上；

图 3-3-27 中段姿态训练组合

图 3-3-27 中段姿态训练组合（续）

练习注意事项：

（1）提、沉是身体的上下动律，提与沉不可分离，欲提必沉，欲沉必提。提沉元素贯穿在所有动作的始终。

（2）冲、靠是身体的斜移动律，冲与靠是一对相反的不可分的动律。

（3）含、腆是身体的前后动律，含与腆是一对相反的不可分的动律。

（4）横移是身体的左右动律，横移与提沉、冲靠、含腆，共同构成腰部的全方位基本动律元素。

（四）下肢部位姿态训练

1. 地面练习

（1）坐式训练

脚的训练

身体平坐于地面，沉肩拔背，头朝前方，两脚向前伸直并拢，两臂伸直放于身旁，手指触地。在保持伸坐基本形态的基础上，由脚趾、脚背到脚腕，依次一节节最大限度地勾和绷，及向内环动和外环动，忌松膝盖。见图 3-3-28。

勾脚　　　　　　　　　绷脚　　　　　　　　　环脚

图 3-3-28 脚的训练

膝胯的练习

身体盘坐于地面，头朝前方，双手扶脚，双膝下沉开胯，沉肩拔背。见图 3-3-29。

图 3-3-29 膝胯的练习

压腿练习

绷脚前并腿伸坐、侧分腿坐或前屈后伸坐，后背拉长，上体从胯根处向前腿、旁腿或后腿快速压下再快速直身还原（抻膝伸背，双脚始终保持最大限度地绷脚，忌用手找脚）。见图 3-3-30。

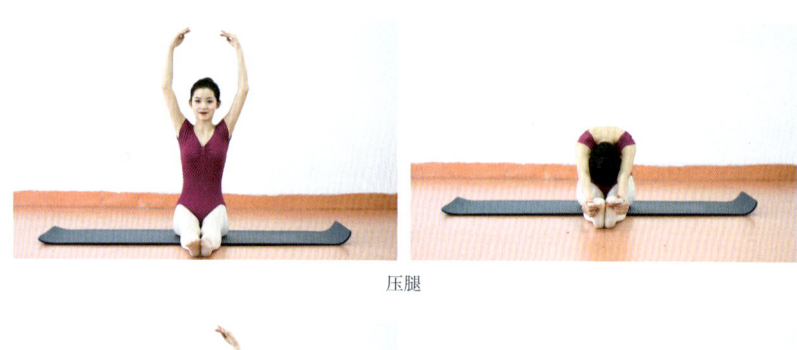

压腿

压旁腿

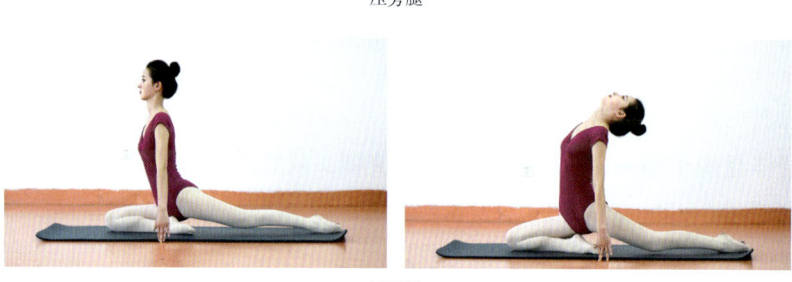

压后腿

图 3-3-30 压腿练习

（2）卧式训练

仰卧练习

绷脚外开并腿仰卧，双手打开旁平位置掌心向下准备。常见的动作有前踢腿、腿的环动、开胯练习等。做动作过程中，主力腿至上半身要紧贴地面不受动力腿的影响，动力腿要有控制地慢落回原位，注意落地无声及动作的连贯性和延伸感。见图 3-3-31。

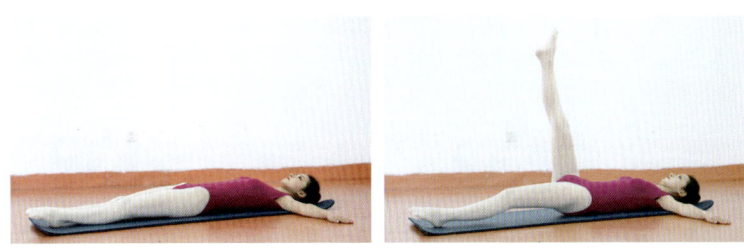

前踢腿

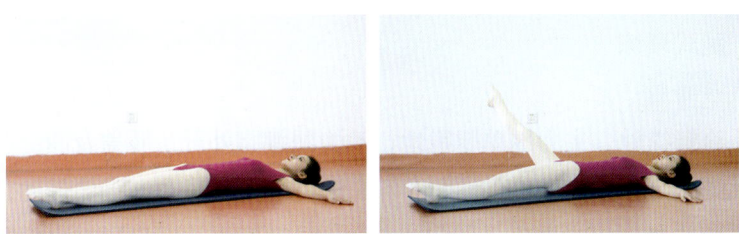

单腿环动

双腿环动

开胯

图 3-3-31 仰卧腿部练习

侧卧练习

身体侧躺于地面，身体成一条直线，髋与地面垂直。常见动作是侧踢腿，即在动力腿外开（膝盖及腿部肌肉转开向上）的基础上，由腰发力脚背带动，从胯根处往上直膝快踢到最大限度。踢腿时要注意主力腿至上半身紧贴地面不受动力腿的影响，动力腿外开并有控制地慢落地回原位。见图 3-3-32。

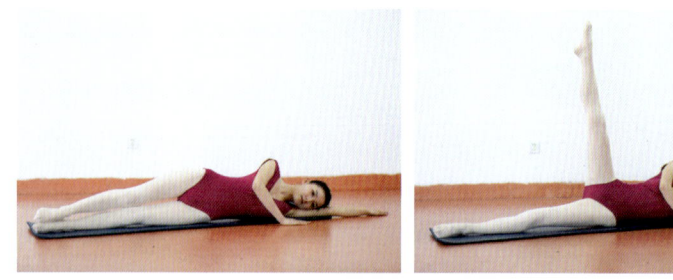

图 3-3-32 侧卧踢腿练习

（3）跪式训练

跪式后踢腿

双手直臂撑地，主力腿单腿跪地，动力腿绷脚外开（膝盖及腿部肌肉转开向外），直膝点地，眼睛平视前方准备。动力腿由腰发力、脚尖带动，从腰开始往上直膝快踢到最大限度（找向头部），同时仰头往后甩腰。踢腿时注意沉肩伸长颈部，并保持两肩一直线不歪斜（与地面保持平行）。要做到这一点，可尝试踢左后腿时用右后背找腿，踢右后腿时用左后背找腿。动力腿保持外开，忌掀胯，并有控制地慢落回原位。见图 3-3-33。

图 3-3-33 跪式后踢腿

练习注意事项：

（1）练习时要先进行小幅活动，主要是脚腕、手腕、颈部、腰和膝盖。如果肌肉和韧带还没有活动开，压软度时极容易受伤，且不易恢复。

（2）在进行压腿、压胯、压腰等软度练习时，幅度要逐渐增加。

（3）在软度练习的初期，必须有老师的指导。因为腿、腰、胯的练习力度和角度如不当，会使练习者的肌肉变粗，或导致韧带拉伤。

（4）压腿时要伸直膝盖，绷紧了脚背再压，不论腿在前、在旁，还是在后（压后腿时这一点是最容易被忽视的）。

2. 把杆练习

人体由许多部位组成，每个部位都有自己的重心，全部重心的合力集中点就是人体的总重心。如果不善于控制自身的重心，就会影响到人体的平衡性和稳定性。重心的控制在舞蹈训练中尤为重要，对一个人日常仪态的展现也非常重要。

把杆练习是训练人体重心控制能力的有效手段，可使练习者掌握正确的保持重心的方法，从而能够正确地操纵自身肌肉，在舞蹈及生活中体现身体的稳定性。

（1）站立

站立是训练体态的基础，是气质体现的重中之重。

上半身控制要领：头部保持直立，双眼平视前方，避免向前伸颈、探头或缩下巴，颈部自然放松，并向上延伸；肩部自然向下沉，双肩展开，自然挺胸，呼吸流畅自然；背部垂直挺拔，脊椎向上延伸拉长，肋骨不外翻的同时收腹，腰部挺拔向上，与背部保持垂直的状态。

下半身控制要领：臀大肌收紧，臀部向上提起的同时髋部要适量前推，和腰部、背部保持在一个垂直平面上。

上半身向上提拔与下半身稳扎于地面形成对抗力，外松内紧，身体呈现提拔向上的姿态。站立训练的脚位主要涉及一位、二位、五位。见图3-3-34。

图 3-3-34 站立练习

（2）蹲

蹲是腿的屈伸练习，可训练大腿、小腿以及踝关节的运动能力，增强跟腱的弹性和韧带的柔韧性。蹲是起跳和落地的缓冲动作，要打好基础。蹲如同站立练习时一样，上身姿态要保持，根据脚位可分为一位蹲、二位蹲和五位蹲，见图 3-3-35，动作要领如下：

一位蹲：在一位站姿的基础上，两膝对准脚尖方向，保持身体垂直于地面，连贯不断地往下蹲，以不抬脚后跟蹲到最大限度为"半蹲"；再继续往下蹲，迫使脚后跟微微抬起，臀部接近脚后跟为"全蹲"。全蹲回归直立时，边压脚后跟边向上发力至半蹲，再全脚着地双腿伸直。此过程中，上身要一直保持挺拔向上的姿态，尾椎骨垂直于地面，要避免出现臀部往后坐的现象。

二位蹲：在二位站姿的基础上下蹲，动作要领同一位蹲，但二位蹲的过程中不起脚后跟。

五位蹲：在五位站姿的基础上下蹲，动作要领同一位蹲。

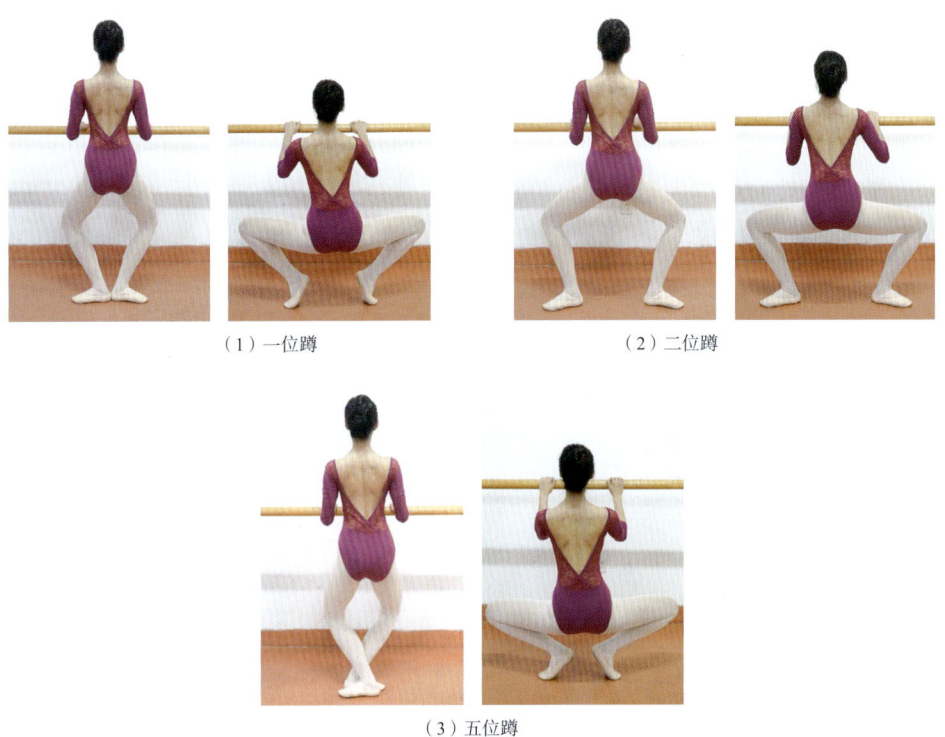

（1）一位蹲　　　　　　　（2）二位蹲

（3）五位蹲

图 3-3-35　下蹲练习

（3）擦地

擦地主要训练脚趾、脚掌、脚弓、脚腕、跟腱等部位的关节、韧带、肌肉等的柔韧性和灵活性，同时锻炼人体垂直站立时的稳定性以及后背的控制能力等，使腿部的肌肉群得到延伸与外开的锻炼。

动作过程中身体要垂直站立，身体的重量平均分配在双脚上。当动力脚向外擦出时，身体的重心微微移至主力脚；动力腿伸直，保持外开的形态，脚掌紧贴地面向外擦出，脚跟先离开地面，然后脚弓、脚掌依次离开地面，最后脚尖点地；脚尖向外擦出的距离是在两胯保持稳定、水平、不移动位置的情况下所能达到的最远点。动力脚向主力腿收回的路线与过程按照擦出时各部位的运动顺序依次反过来进行，脚收回至动作开始之前的位置。擦地主要分为向旁、向前以及向后的运动方向，见图 3-3-36，动作要领如下：

向前擦地时：脚跟先行，将脚尖留住，保持脚与腿部的外开形态，擦出至正前方的最远点，脚尖点地，这时动力脚脚尖与主力脚呈垂直线；收回时脚尖先行，脚跟留住，将脚收回至动作前的位置。

向旁擦地时：脚跟向前顶，保持脚与腿部的外开，擦出至正旁的最远点，这时动力脚和主力脚在"一字"线上；再按原路线将脚收回至动作前的位置。

向后擦地时：脚尖先行，将脚跟留住，保持脚与腿部的外开，擦出至正后方的最远点，脚尖点地，这时动力脚脚尖与主力脚呈垂直线；收回时脚跟先行，脚尖留住，将脚收回至动作之前的位置。

图 3-3-36 擦地练习

（4）小踢腿

小踢腿练习的目的是训练腿的速度、爆发力以及后背的力量，为大踢腿和弹跳做准备。小踢腿是在基本站姿和擦地基础上进行的训练，经过擦地向上抬至 25 度。小踢腿分为前、旁、后三种，动作极速有力、干净利落，又连贯不断、停顿位置准确；与此同时还能训练对音乐节奏的掌握能力。见图 3-3-37。

　　　五位　　　　　　前小踢　　　　　　旁小踢　　　　　　后小踢

图 3-3-37 小踢腿练习

（5）画圆

画圆练习的目的在于训练髋关节的开度、松弛度和稳定性，锻炼腿和脚的外开，通过脚尖在地面最大限度地画圈训练，使脚趾、脚弓、脚掌、脚背、脚腕的柔韧性和运动能力得到锻炼，为腿在地面与空中大幅度地画圈动作做好方法和能力上的准备，同时还能增强腰背肌的控制能力。画圆要求两胯平行，主力胯向上提起保持稳定；动作过程中脚尖向外划至所能达到的最远点，绷直腿并保持外开，脚尖不要离开地面，脚尖前四位、后四位时不能超越主力脚脚跟延长线最外侧的界限；动力脚经一位时脚尖打开，脚跟紧贴地面。见图 3-3-38。

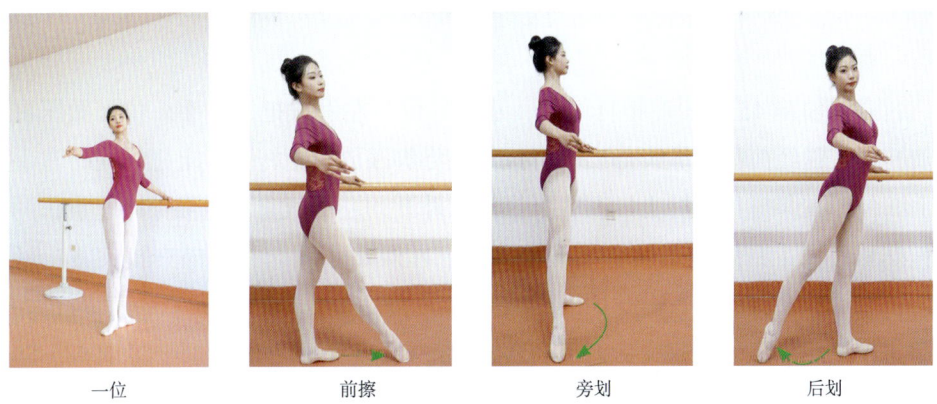

　　　一位　　　　　　前擦　　　　　　　旁划　　　　　　　后划

图 3-3-38 画圆练习

（6）压腿

把上压腿是软度训练的一种方法，主要以训练腿部以及髋关节的柔韧性为主，可以与地面软度训练相结合进行。把上压腿主要分为前压腿、旁压腿和后压腿，动作要领以压右腿为例，见图3-3-39。

前压腿

旁压腿

后压腿

图3-3-39 压腿练习

前压腿

身体斜向45度面对把杆站位，双脚一位，左手扶把，右手一位，做压右前腿：右腿经前吸腿绷脚伸出，有控制地将脚跟放在把杆上；上把杆同时右手上三位，右脚搭在把杆上，直膝、绷脚、外开；左腿直立与地面保持垂直，两胯摆正；用上身贴向右腿，小腹贴大腿，左脸贴小腿，右手向右脚尖方向延伸；然后，上身起直，右手回到三位。

旁压腿

身体面对把杆站位，双脚一位，右手扶把，左手一位，做压右旁腿：右腿经旁吸腿绷脚伸出，有控制地将脚跟放在把杆上；上把杆同时左手上三位，右脚搭在把杆上，直膝、绷脚、外开；左腿直立与地面保持垂直，左脚外开；用右耳贴在右腿面，左手触碰右脚尖。

后压腿

身体侧对把杆站位，双脚并步站立，左手扶把，右手一位，做压右后腿：右腿向后抬起伸直、绷脚，将右脚的内侧放在把杆上；同时右手经二位到三位，双胯摆正，双肩摆正；左脚外开，左腿为主力腿绷直站立；压后腿时要从肩往后加压力，左膝屈膝，胯下沉。

（7）踢腿

把上踢腿主要训练腿部肌肉及韧带的张弛，锻炼脚经擦地迅速抛向空中的能力，提高腹背肌及主力腿的控制能力，为以后的大幅度踢腿和跳跃动作打下基础。上踢腿同样可分为前、旁、后三个方向动作。动作过程中要保持身体直、腿部外开及主力腿的髋关节向上提起，注重脚经过擦地踢起、擦地收回的全过程。见图3-3-40。

前踢　　　　　　旁踢　　　　　　后踢

图 3-3-40 踢腿练习

练习注意事项：

（1）保持下肢姿态的"开、绷、直"："开"要做到大腿、小腿以及脚尖的外开；"绷"强调的是脚尖末端的神经感觉，在擦地、踢腿过程需要格外注意；"直"强调的是膝关节的向上提拉，形成笔直的腿部线条。

（2）在进行下肢体态训练的同时，要保持上身姿态的挺拔向上，双目平视前方，避免向前伸颈探头和缩下巴，颈部自然放松，并向上延伸；肩部自然向下沉，双肩展开，自然挺胸，呼吸流畅自然；背部垂直挺拔，脊椎向上延伸拉长，肋骨不外翻的同时收腹，腰部挺拔向上，与背部一起保持垂直的状态。

（3）擦地时，注意绷脚尖，大腿外旋，但要保持胯骨正对一点，不可扭胯、懈胯。

（4）蹲时，膝盖朝向脚尖方向，尾椎骨垂直于地面，所蹲深度根据自身柔韧度而定，深蹲时，脚后跟是被迫抬起，而不是主动的。

（5）头部的运动在下肢训练过程中基本处于扭、倾、转的动作，幅度不必过大，在组合中有要求时眼随手动。

（五）身体综合姿态

静态美通常指向人体的"形"，而动态美指向人体的"力"。"形"和"力"是相互联系又相互制约的，没有符合规范的"形"，美也就失去了它存在外在物质基础，而"形"的变化是靠"力"来推动的。动作的层次性、平稳感、协调性、节奏感的获得，无一不是运用内力的结果，它是获得美的内在物质基础。例如：一个动作从开始到结束，参与动作的身体各部位的活动顺序应有先后。钱宝森先生将身段起始动作的规律编成了一段精辟的口诀："心一想、归于腰、奔于肋、行于肩、跟于臂。"这段口诀具有普遍性意义。参与运动的身体各个部位应该是协调配合的。节奏是量的有规律的变化，它通过动作的速度、频率、幅度的变化及动与静、运动方向的转换等具体方式来体现。谁能将上述因素最充分、融合地表现出来，谁给予人的美感就有更大的普遍性和永久性。身体综合姿态的训练可以帮助练习者提高身体动作的综合能力，以提升人体的动态美。

第三单元　形体塑造篇

预备1~4拍	5~6拍	7~8拍	（1）1~8拍
身朝8点，右脚前五位，双手一位手，看1点；	双手起二位；	双手打开七位，眼看右手。	向前下腰，双手从七位到二位。

（2）1~4拍	5~6拍	7~8拍	（3）1~4拍
起上身立直同时双手到三位；	保持三位手不动向后下胸腰看外面；	起直上身，手三位。	双手经二位打开七位身朝1点，同时右脚向旁擦出旁点地；

  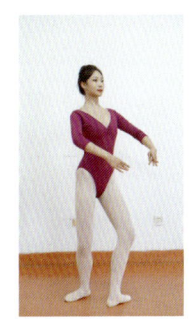 

5~8拍	（4）1~4拍	5~6拍	7~8拍
一次左手小的呼吸后，到左手三位的四位手。	向右下旁腰看右侧；	面向8点，左脚前四位蹲，双手二位；	重心前移，右脚后点地，右手在前变形六位，看8点。

图 3-3-41　综合姿态训练组合

· 127 ·

（5） 1~2拍	3拍		4拍
右手到二位成六位手，同时重心移至左脚，右脚到前点地，身朝8点，看1点；	右脚向2点迈出，右手打开成七位；	并右脚，平转一周，左手内合成二位；	面向2点，右脚前五位蹲，双手二位；

5~6拍	7~8拍	（6） 1~4拍	5~8拍
右脚向前经四位蹲；	移重心到右脚，左脚后点地，双手变形四位手，手心向下。	左脚经吸腿到前点地，身体前倾，六位手；	右手到二位成六位手，同时重心移至左脚，右脚到前点地，身朝8点，看1点。

（7） 1拍		2拍	3拍
右脚向2点迈出，右手打开成七位；	并右脚，平转一周，左手内合成二位；	面向2点，右脚前五位蹲，双手二位；	右脚向前经四位蹲；

图 3-3-41 身体综合姿态训练（续）

4拍	5~8拍	（8） 1~4拍	6~8拍
移重心到右脚，左脚后点地，双手变形四位手，手心向下；	左脚经吸腿到前点地，身体前倾，六位手。	蹲起，变形四位手，眼看2点上；	右手到七位成反向六位，同时重心移至右脚，左脚到前点地，身朝2点，看1点。

（9） 1~2拍	3~4拍	5~8拍	（10） 1~2拍
向七点左脚点地的第一阿拉贝斯；	右脚向前弓步，右手前绕，左手后绕成变形七位，双手心向下，背对1点；	朝8点，上两步到右脚在前的五位，五位手，看1点。	左退；

3~4拍	5~6拍	7~8拍	（11）（12）同（9）（10），方向相反
右脚退；	左脚退，同时双手落到小七位；	右脚后点地。	

图 3-3-41 身体综合姿态训练（续）

（13） 1~2 拍	3 拍	4 拍	5~6 拍
左脚向斜后方6点方向，上步半脚尖，右脚旁吸腿，六位手，看6点；	落右脚；	上左脚，反向六位手；	右脚向斜后方4点方向，上步半脚尖，左脚旁吸腿，反向六位手，看8点；

7~8 拍	（14） 1~4 拍	5~6 拍	7~8 拍
左脚前落，移重心。	左脚向七点迈出一步成左弓步，同时左手在三位处手心向下，右手小七位，身朝8点，看1点；	右脚前四位移重心，一位手；	左脚后点地，同时双手二位到三位手，身朝3点，看3点。

（15） 1~8 拍	（16） 1~4 拍	7~8 拍
脚不动，双手慢慢打开小七位，眼看1点。	变左脚旁点地，同时双手小七位，身对2点，看8点；	左脚擦地收回到左脚前的五位，同时双手回一位，看8点。

图 3-3-41 身体综合姿态训练（续）

模块四　形体美感训练

> **学习目标**
> 1. 学习和掌握多途径的形体训练方法；
> 2. 培养学生形体姿态的美感。

一、器械形体舞蹈

形体舞蹈是身体各部位协调运动所形成的各种富于节奏感、表现优美造型的韵律动作。器械形体舞蹈，即在舞蹈中，充分使用某种器械、道具，或者直接舞动器械进行舞蹈的一种舞蹈形式。它包括形体身韵、形体舞姿、器械的运用等内容。在形体舞蹈训练初期，以抓全身各关节的柔韧性、灵活性和身体各部位基本姿态的规范训练为主，然后强化器械的运用，并通过各种训练，使练习者提升练习兴趣，掌握身体各部分协调运动的方法，培养优美的姿态。

示范视频 07

器械形体舞蹈（一）
扇子舞

（一）扇子舞

（1）　　　　　　1~8 拍
走平步，右手划扇，左手屈肘向后背去，交替摆动（两拍一动）。

（2）　　1~4 拍
右脚向 8 点上一步，右手持扇从 3 点经过 2 点、1 点划向 8 点，扇子竖起来；

5~8 拍
左脚并于右脚转向 2 点，左手从侧上三位手，右手经下绕至胸前握扇。

图 3-4-1　扇子舞

（3） 1~8拍	（4） 1~4拍	5~8拍
身体转向后方，上右脚，走平步，同时双手抱扇，左右交替走。	身体转向1点，左肋向8点倾靠，右脚上步屈膝，左右手扣扇；	身体前倾，面向8点，双脚并拢，双手手心朝上，双臂前举向前展开，右手抖扇。

（5） 1~2拍	3~4拍	（6） 1~2拍	3~4拍
右脚左前点地，左腿半蹲，右手从下划向上，立扇，左手搭在右肩上；	双腿向前移重心。5~8拍重复1~4拍动作。	身体面向1点，左腿弯曲，划右手竖扇；	右腿弯曲右手压扇，左手手心向下。5~8拍重复1~4拍动作。

（7） 1~2拍	3~4拍	5~8拍	（8） 1~2拍
身体面向1点，右脚在前，双脚并拢，右手屈肘划扇甩向8点方向后，平扇，左手三位侧上举；	右脚向前上步，左腿后点地，右手持扇侧平举，手心向上，左手放在腰后；	左脚向2点落地，转360度。	身体面向1点，左脚向7点上步，右脚点地，同时双臂侧平举，右手虎口夹扇，身体向右侧下腰；

图 3-4-1 扇子舞（续）

第三单元　形体塑造篇

3~4 拍
身体向 2 点转，右腿在前，双脚并拢，右手在左侧胯下持扇，左手上举；

5~6 拍
身体面向 2 点，屈左膝，右脚前点地，右手立扇，左手扶右手；

7~8 拍
身体转向正面，右腿屈膝，右手在右胯下持扇，左手在左胯，手心向下。

（9）　　1~2 拍
左脚踏跳，右腿屈膝后抬，右手胸前持扇，左手抬至侧上方；

3~8 拍
小碎步从 7 点向右转走 1 周。

（10）　1~5 拍
1 拍 1 次，左右脚交替并步，同时，双手从腹下沿着身体两侧向上打开至胯部两侧；

6~8 拍
身体前倾，双腿屈膝，右脚前立半脚掌，左右脚跟抬起，双臂侧平举打开，前后摆动，1 拍 1 次。

（11）　1~8 拍
平步向左走圆场绕一周，右手打开扇面提压扇，左手放腹前，手心向下。

（12）　1~8 拍
上右脚，双手"∞"字向 8 点划扇，再经过胸前向 2 点划扇，左手跟着扇子"∞"字摆动；

（13）　1~4 拍
双脚小碎步后退，双手持扇胸前端平，低头含胸；

5~8 拍
双脚小碎步向后退，双手经过胸前交叉打开，右手夹扇，同时双手打开至身体两侧。

图 3-4-1 扇子舞（续）

（14） 1~6拍	7~8拍	（15）	1~8拍
右脚前点地，左转身，右手"云扇"绕头一周；	身体转向8点，双脚并拢，左手后背，右手经3点向7点上举抖扇。		右脚向前点地，顶左胯，同时右手提扇上举，左手放至胯旁，3次点头动律。

（16） 1~4拍	5~8拍	（17） 1~4拍	5~8拍
右脚勾脚向8点前上步，1拍1次，左手放至胸前，右手打开平扇，手腕上下提压；	右脚向前上步，双膝下蹲，双手同时翻腕，左手侧上举，右手侧平举，打开夹扇。	右脚向3点上步上身立起，双手头上云手，打开至侧平举；	右脚向前点地，右手持扇从胸前向上划，翻手立扇，同时左手放至右肩上，左胯侧顶。

图 3-4-1 扇子舞（续）

拿扇子技巧：

　　持扇子的手一定要将扇子持紧，同时保持扇子是臂的延长线；手腕灵活，保证扇子在动作操作时的灵活性、协调性以及两手换扇的技巧性。刚开始用左手打开扇子，一定很不习惯，告诉你一个窍门：打开时握扇不要太紧，用大拇指和食指握住扇子的一根扇骨，让扇面能够开合自如；向开扇的方向用力，同时小拇指配合其他手指协调控制好扇面，这样才能够使动作统一和整齐。

（二）纱巾舞

示范视频 08
器械形体舞蹈（二）纱巾舞

准备

面朝8点站立，双手握纱角，手臂在头顶两侧撑开，眼睛看左下方。

（1） 1~2拍

左手向下压腕停至胸前，身体前倾，头、眼睛看向1点，右手保持舞姿不动。

3~4拍

左手提腕回到准备动作，眼睛看左下方。

5~6拍

右手向下压腕至胸前，身体向右侧后方（四点），微抬头，眼睛看8点。

7~8拍

回到准备动作。

（2） 1~2拍

双手握纱收回至胸前，手心朝上，同时手臂收紧在身体两侧，脚小碎步向左移动，头向上看。

3~4拍

双手握纱角打开至头顶两侧，左腿蹲，右腿旁点地，头向下看。

5~8拍

动作同1~4拍。

（3） 1~2拍

面朝8点，左手握纱从后向前划圈摆纱，纱在空中呈立面状，右手握纱角腕至左胯前，身体随左手臂划圈摆纱向2点方向前倾，至身体重心在前，微含胸低头，左脚尖后点地、膝盖伸直。

3~4拍

腿不动，左手握纱，手指尖带动手臂从前划圈摆纱向后，经过下握腕握纱停至胸前，手心握纱朝上，右手握纱压腕停至左手手肘位置，身体随手臂旁提，敞腕停在舞姿上，头向上看向2点方向。

5~6拍

朝3点方向做动作，左手握纱提腕从下到上摆纱，空中把纱摆起来，右手握纱角停在左胯前，左腿站直，踢起右旁腿，面朝3点。

7~8拍

向右平转两圈，双手握纱角在身体两侧撑开，纱随着身体的旋转在空中飘起来。

图 3-4-2 纱巾舞

（4）同（3），方向相反

（5）1~2拍	3~4拍	5~6拍
面朝3点，双手握纱角做一次云手，纱在空中呈平面状，身体停至2点方向。	左手握纱角提腕，手指尖用力从后向前划圈摆纱，纱在空中呈立面状，右手握纱角压腕停至左胯前，身体随手臂划圈摆纱向前倾，停至2点方向，重心在前，低头向下看，右腿半蹲，左脚尖后点地、膝盖伸直。	面朝2点，左脚绷脚向前踢25度，同时右腿半蹲，身体重心在后，左手在胸前握纱角手心朝下，右手握纱角提腕向上，双手同时抖纱，仰头2点。

7拍	8拍	（6）1~2拍	3~4拍
左手握纱角压腕至左胯前，右手握纱向上晃手划一圈。	右手经过左肩至胸前，左右手换手握纱角，同时双腿蹲，身体随着手向右转停至8点。	面朝8点，右手握纱角提腕，手指间用力从后向前划圈摆纱，纱在空中呈立面状，左手握纱角压腕停在左胯前，身体随手臂划圈摆纱向前倾至2点，重心在前，低头向下看，右腿后点地，左腿蹲。	踢左旁腿，右腿站直，身体左旁腿，头向右下看，左手握纱停在左胯前，右手握纱角，踢腿的同时右手至胸前顺时针划小圈至左肩，右手顺时针划小圈时，纱在空中呈立面状。

图 3-4-2 纱巾舞（续）

第三单元　形体塑造篇

5~6拍

左脚向左侧后方迈一步，身体向左转的同时双手在背面，右手把纱角放在左手上，此时左手握两个纱角。收右脚，转身停至2点。

7~8拍

面朝2点双腿半蹲，左手握两个纱角提腕做向前舞姿，纱垂直于地面，右手打开手心朝下做向后舞姿，左手2点、右手7点方向，头向左肩倾斜，眼看下2点方向。

（7）1~2拍

双手在舞姿上做一个小呼吸，头随手臂动作微微做一个点头的呼吸动作，看向2点方向，双脚呈八字脚位置立起半脚尖。

3~4拍

身体保持舞姿不动，双脚小碎步向6点方向后退。

5拍

身体朝向2点，双腿半蹲，双脚站八字脚，左手分一个纱角至右手，身体微前倾，低头看手。

6拍

面朝2点，双腿半蹲，双脚呈八字脚，身体右侧旁提，头向左肩倾斜看向2点地面；左手握一个纱角至左胯前，右手臂打开至胸前。

7拍

右手握纱角经胸前向后划半圈经过头顶打开向下划至右旁，双腿半蹲。

图3-4-2　纱巾舞（续）

8拍	（8） 1~2拍	3~4拍	5~8拍
身体朝1点，左手握纱到背后，右手握纱从右旁经过胸前停在左肩上，身体左旁提，头看向右下方；左脚在前，右脚尖后点地，双腿经半蹲，身体重心移至前脚。	身体朝1点，眼睛看1点，左手握纱角于背后，右手握纱角停在左肩上，右脚前迈一步，呈八字脚，左脚脚尖后点地，身体重心在前脚。	身体、手臂不动，左脚前迈一步，呈八字脚，右脚脚尖后点地，身体重心在前脚。	右手握纱角打开至旁，向右侧原地平脚转圈。

（9） 1~2拍	3~4拍	5~6拍	7~8拍
原地转。	身体朝1点，面朝1点，右手握纱角经旁向下放于背后，左手握纱角经旁甩至左上，纱在空中呈半圆状；左脚朝1点立半脚尖，膝伸直，右腿前吸腿，绷脚尖停至左膝旁。	身体朝1点，左手握纱角停在右肩上，右手握纱角停于背后，面朝7点；左脚尖旁点地，脚背朝上，膝盖伸直，右腿呈八字脚半蹲，身体重心在右腿上。	双手握纱角，手臂向两侧撑开，向左转两圈。

图 3-4-2 纱巾舞（续）

第三单元　形体塑造篇

| （10）1~2 拍 | 3~4 拍 | 5~6 拍 | 7~8 拍 |

面朝 2 点，双手握纱角从后到右旁做双晃手，手心向下，纱在空中甩起来；身体重心在前，头微低。左脚在前呈八字脚半蹲，右脚尖后点地。

面朝 2 点，双手握纱角在头两侧从前向后在空中划圈甩纱，头微低，眼睛下看，左腿伸直脚尖前点，右腿呈八字脚半蹲，身体重心在右脚。

身体朝 2 点方向，左手握纱角从下经过胸前停至右肩上，肘在胸前架起，右手握纱角停至背后；身体右侧旁提，头向左倾斜，眼睛看向 1 点方向；左腿呈八字脚半蹲，右腿屈绷脚，脚尖停在左脚后脚踝处。

双手握纱角，手臂两侧撑开，向左平转两圈，纱在空中飘起来。

| （11）1 拍 | 2 拍 | 3~4 拍 | 5~6 拍 |

身体朝 8 点方向，左手握纱停在背后，右手握纱角压腕从旁经过胸前停至左胯前。头向右侧倾斜看向 1 点方向。右腿呈八字脚半蹲，左腿弯曲绷脚用脚尖停在右脚后脚踝位置，左脚跟不能贴在右腿上。

身体从 8 点转向 1 点，左手不动，右手握纱角手心向上，从左胯前经过胸前打开到右胯旁置，双脚呈八字脚立半脚尖。

同 1~2 拍，方向相反；

身体朝 7 点方向，双手握纱角在头两侧从后划至前，在空中划一圈，头看向 7 点方向；左脚尖朝 7 点方向屈膝半蹲，右脚尖旁点地，膝伸直。

图 3-4-2　纱巾舞（续）

7拍	8拍同7拍，方向相反	（12） 1拍	2拍
身体朝1点，右手握纱角经过胸前打开到右上，左手握纱角停至左胯，胳膊微弯，头随身体向右倾斜看2点，纱在空中甩起来；左腿侧踢至25度，重心移至右腿，右脚八字脚膝盖伸直。		面朝8点方向，含胸低头，双手握纱角并拢在身前，身体重心在右腿上，左腿向8点方向伸出脚尖点地。	身体面向8点，移重心至右腿呈八字脚、膝盖伸直；左脚尖前点地、膝盖伸直；双手握纱角从身前划至后，在最高点双手把纱角抛向空中，纱飘在空中，身体向后下胸腰。

3~4拍	5~6拍	7~8拍	（13） 1~2拍
向左转停至4点，身体微前倾，头、眼睛看向纱，左手抓住空中飘落的纱，右手弯曲停至背后；左腿伸直脚尖后点地，右腿呈八字脚，身体重心在半蹲的右腿上。	身体朝向1点，左手握纱，手臂在空中从右下划一圈到左下，纱在空中要画出一个圆圈；身体随着手臂摆起来，头、眼睛看向左手。	动作同5~6拍。	身体朝1点，左手握纱旁经头上朝7点从上至下撩手，右手空手提腕向旁打开；左脚向旁朝七点勾脚、膝盖伸直，右腿呈八字脚、膝盖半蹲，重心在右腿上。

图 3-4-2 纱巾舞（续）

3~4 拍	5~6 拍	7~8 拍
向左转半圈，停至3点，双腿呈八字脚、膝盖半蹲；身体含胸低头，重心向下，转身的同时，把左手上的纱换至右手。	身体朝3点，左手弯曲架到背后，右手把纱直线向上抛；左腿弯曲吸腿，脚尖内侧贴至右腿膝盖，右腿伸直、立起半脚尖。	身体快速转向五点，左手停至背后，右手呈兰花指手形向旁打开；身体左旁提，头看右手指尖；左腿微屈呈八字脚，右脚绷脚旁点地，重心在左腿上。

图 3-4-2 纱巾舞（续）

（三）球操

示范视频 09

器械形体舞蹈（三）
球操

准备	预备（1×8拍）1~8 拍	第一段（4×8拍）（1）1~2 拍	3~4 拍
面向2点方向准备，眼睛看1点，左手持球侧上举，右手胸前平屈，重心在左脚，右脚后点地。	眼睛看向球，身体不动。	左臂滚球，右手接球，脚下保持不动；	眼睛看8点方向，左臂向下波浪，慢慢还原至侧平举；

图 3-4-3 球操

5~6拍	7拍	8拍	（2） 1~3拍
看向2点方向，左手经体侧下落，屈肘轻轻扶球；	滚球双手持球前举；	面向2点方向，重心在右腿，屈右膝，左脚前点地，右手持球前举，左侧平举，眼睛看球。	面向1点方向，目光跟随球移动，双手头上换球，双脚3位立半脚尖碎步左移；

4拍	5~8拍	（3） 1~7拍	8拍
面向8点方向，左手持球前举，右手侧平举，屈左腿右脚前点地，重心在左腿；	同1~4拍，方向相反。	右手持球绕外八字，左手体前下落，脚下向右圆场步一圈；	面向2点方向，右手持球前上举，左手体后侧举，重心在右脚，左脚向前点地。

（4） 1~2拍	3拍	4拍	5~6拍
右手经后下落，左手经前上举，脚下小碎步向8点方向后退；	左手经后下落，右手持球经前向上，脚下小碎步后退；	右手前上举，重心在左脚，右脚尖前点地；	右手前平举持球，左手持球前举，右脚向前并步跳；

图3-4-3 球操（续）

第三单元　形体塑造篇

7拍
肘窝反弹球，右脚前3位脚站；

8拍
面向1点方向，右手持球侧上举，左臂右侧平举，重心在右脚，左脚侧点地。

第二段（4×8拍）
（1）　1~2拍
由右至左侧波浪，面向7点结束；

3拍
面向7点，左手经前向上、右手持球经后下落依次绕环，重心在左脚，由屈腿慢慢到直腿，右脚后点地；

4~7拍
左手前上举，眼看向左手上一尺，右手持球经后下落，下肢动作不变；

8拍
面向8点，双手前上举持球，两脚并拢站立。

（2）　1~4拍
身体前波浪，同时双手向前转动球；

5~7拍
左手托球上举，右手侧平举，眼睛看左手，向左碎步转一圈；

8拍
左手托球上举，右臂左侧平举，眼看1点，重心在左腿，右脚侧点地。

（3）（4）同（1）（2），方向相反

第三段（2×8拍）
（1）　1~2拍
左脚向6点方向后撤成弓步，左手侧上举，右手高拍球一次，重心在右腿上；

3~4拍
右手低拍球两次，左手保持，加深弓步后点地；

图3-4-3　球操（续）

5~6 拍	7 拍	8 拍	（2） 1 拍
面向 1 点方向，双手头上交叉持球，抬头看球，双脚提踵；	双手胸前向外翻手，双脚落踵；	面向 2 点，双手前上举，右手托球，双脚并拢。	右手持球，双手下沉，双腿屈膝；

2~3 拍	4 拍	5~6 拍	7~8 拍
抛球，双脚提踵；	右手接球，双手同时下沉至体侧，落脚屈膝；	左脚向 6 点后撤点地，同时左手经前向后绕环；	眼睛看球，左手绕环至侧平举，同时右手持球绕至前斜上举，左膝跪地。

图 3-4-3 球操（续）

（四）花球操

示范视频 10

器械形体舞蹈（四）花球操

预备 1~8 拍	（1） 1~2 拍	3~4 拍	5~8 拍
双脚并拢站立略低头；	双臂向内绕环 1 周还原。	（1组，即居左侧人组）右脚向后退一步，右臂胸前平屈，左臂侧平举。	单腿跪立，左手叉腰，右臂斜上举。	（2组，即居右侧人组）动作同 1 组 1~4 拍，方向相反。

图 3-4-4 花球操

（2） 1~2拍　　　　3~4拍　　　　　5~6拍　　　　　7~8拍

（3组，即居后的人组）双脚并拢站立，双臂胸前平屈。

双臂斜上举。

3组的腿上姿势同1组，双手胸前击掌。

双手至下展开。

双臂胸前平屈，双肘外伸。

右臂胸前平屈肘上举，左臂不动。

（3）　1~2拍　　　　3~4拍　　　　5~6拍　　　　7~8拍

双臂经前至下展开。

双臂侧平，肘上屈。

双臂向内至胸前，肘上屈。

前臂向前伸，绕至胸前平举。

双臂胸前交叉，抬头。

双臂外绕至前，斜平举。

双臂还原至体侧。

（4）1~2拍　　　　3~4拍　　　　5~6拍　　　　7~8拍

（1组、2组）双腿开跪立，（3组）双腿开立，双手击掌两次。

双手体侧肘上屈，身体向左侧屈。

动作同3拍，方向相反。

体向前屈，双手触地。

双腿立起并屈膝，双手扶于膝。

左脚并右脚，双臂上举。

还原成立正。

（5）　1~2拍　　　　3~4拍　　　　5~6拍　　　　7~8拍

左脚在前向前跑，双臂经侧绕至上举头上交叉。

右脚在前向前跑，双臂经侧向下绕至侧，左腿弓步，双臂斜下举。

左脚在前向前跑，双臂向内绕环1周。

身体左转，双臂前斜下举。

图3-4-4 花球操（续）

	1~2拍	3~4拍	5~6拍	7~8拍
(6)	双腿向后退1步，右臂斜上举，左臂摆至体前斜下方。	身体经右转体180度，右手体前斜上举。	双臂交换一次。	左脚并右脚，双拳收回腰间。
				左腿向体后退一步成跪立，左臂向体后斜下方展开。（7~8拍续）

	1~2拍	3~4拍	5~8拍
(7)	身体左转，右腿并左腿跪立，双臂经体侧置下。	左腿向前上步，单腿跪立，双臂经体侧至斜上举。	右腿并左腿立正。

	1~2拍	3~4拍	5~6拍	7~8拍
(8)	左腿向前上一步顶左髋，双臂斜上举。	身体右转180度，动作同1~2拍。	右脚侧点地，右臂摆至侧平举，左臂胸前平屈。	动作同5拍，方向相反。 左脚收回，还原立正。

	1~2拍	3~4拍	5~6拍	7~8拍
(9)	1组向上跳起双臂上举。	右腿跪地，左腿在前蹲立，双手触地。	2组同1组动作。	3组同1组动作。 4组同1组动作。

图3-4-4 花球操（续）

图 3-4-4 花球操（续）

(14)	1~2拍	3~4拍	5~6拍		7~8拍	
右脚左前点地。	右脚右侧点地。	右脚收回。	左腿向右45度吸腿跳。	左脚落回。	右腿向右45度踢腿跳。	右脚落回。

(15)	1~2拍	3~4拍	5~6拍	7~8拍
右脚后退，左臂侧平举，右臂胸前平屈。	同1拍动作，方向相反。	右脚后退，右臂上举，左臂下垂。	左脚后退，双臂绕至侧平举。	左右脚并拢立正。

(16) 1拍	2拍	3~4拍	5~6拍	7拍	8拍
右脚右点地，右臂经体前向前平举。	还原立正。	同1拍动作，方向相反。	还原立正。	屈膝原地跳两次，双臂体前肘上屈。	双脚开跳，双臂经体侧绕至斜上方。	还原立正。

(17) 1~4拍	5拍	6拍	7拍	8拍
同（16）1~4拍动作。	左腿向前弹踢，双臂前平举。	左脚落地，右小腿后踢，双臂向左伸展，左臂侧平举，右臂胸前平屈。	右脚向前弹踢，右臂斜上举，左臂胸前平屈。	还原立正。

图 3-4-4 花球操（续）

第三单元 形体塑造篇

图 3-4-4 花球操（续）

（23）1~2 拍	3~4 拍	5~6 拍	7~8 拍	
身体左转90度，双脚踏步。	身体右转90度，双脚踏步。	双脚踏步，右臂向内。	右脚向右开跳，屈膝。	跳合手臂。

（24）1 拍	2 拍	3~8 拍
落花球转身180度，脚跟右转，顶右髋，双臂上举，双手右展。	动作同1拍，方向相反。	重复1~2拍动作。

（25）1 拍	2 拍	3~4 拍	5~6 拍	7~8 拍
左脚前迈一步，右手扶于腹部。	右脚前迈一步，左手扶于腹部。	双脚开立，双臂斜上举。	身体左转90度，双臂前平举合掌。	身体右转270度，左脚并右脚，提踵时双臂上举。

（26） 1~4 拍
同（1）1~4拍。结束。

图 3-4-4 花球操（续）

二、民族舞蹈

（一）维吾尔族舞蹈

我国维吾尔族人民自古居住在中国的西北部——新疆，它是中国最大的省区之一，有着悠久的文化传统和丰富的艺术遗产。歌舞艺术绚丽多姿，自古以来新疆即以"歌舞之乡"著称。

维吾尔族舞蹈与其他民间舞蹈一样都来自生活。维吾尔族人民的祖先生活在我国北方的大草原上，后移居至西域（今新疆），由草原牧骑生活发展到地区农业生活。维吾尔族人民在不同历史时期信奉过萨满教、摩尼教、景教、袄教、佛教及伊斯兰等宗教。这种经济生活和宗教文化在维吾尔族舞蹈中留下了多重文化印迹，使其既有历史中"胡腾""胡旋"的古韵，又有萨满跳神的神韵；既有古波斯、阿拉伯舞蹈的风韵，又有临近民族舞风的韵味。维吾尔族舞蹈在继承传统古代额尔浑河流域和天山回鹘乐舞的传统基础上，又吸收古西域乐舞的精华，历经新疆各族人民长期的艺术创作与完善，形成了深受人民喜爱、具有多种形式和特殊风格的民间舞蹈艺术。

1. 体态的基本特征

强调昂首挺胸、立腰、拔背而产生的立感，给人一种高傲挺拔、外向的感觉。

2. 节奏的基本特征

维吾尔族舞蹈节奏多用切分音、附点节奏、加强弱拍等的艺术处理。

3. 律动的基本特征

膝部规律性的连续颤动和变换是一瞬间的微颤，作用是使动作衔接自然、柔和、优美。

4. 动作的基本特征

移颈，头部的摇动、挑，手部的翻腕、绕腕、击腕等丰富多变的动作，特别是"先正看而后低首闭目"的眉眼运用，构成了维吾尔族舞蹈风格的重要特点。

5. 体态特征

腰背挺拔的体态这一特点贯穿维吾尔族民间舞蹈，形成风格的突出特点。摇身点颤是女性舞蹈中的一种基本动律。做法如下：右腿为主力腿，微屈膝，右脚旁点为离地准备。前半拍，左脚拇指内侧点地，右腿直膝，身体重心上移，同时身体左肩带动平摇。后半拍右膝微屈颤动，身体重心还原左脚离地。动律在内，富有弹性。练习时从叉腰开始，逐步加入常用手位进行摇身点颤动律练习。练习中应做到"挺拔而不僵""微颤而不窜"。

6. 基本动作

常用手形

立腕手（女）：手指上翘，拇指接近中指，其余三指自然弯曲。

平手（男）：自然掌形。

手位

一位手：双手侧下举，好似提裙动作，也叫提裙位。

二位手：双手侧平举，手腕立起。

三位手：双手上举于托掌位，也叫双托掌位。

四位手：右手于前手位手心向外，左手顶手位，也叫托按掌位。

五位手：左手横手位，右手顶手位，也叫顺风旗位。

六位手：左手横手位，右手前手位，手心向外，也叫山傍立腕位。

七位手：双手胸前手位，左手高，右手低，手心向外对2点、8点方向，手指尖对斜上方，也叫双按掌位。

八位手：双臂拉开，中指点于肩上，胳膊肘对3点、7点方向。

叉腰位：双手叉于腰间。

托帽位：一手于头后托帽，另一手斜上举。

遮羞位：一手上举于托掌位，另一手在脸外侧立腕，低头。

扶胸位：一手扶于胸前，好似敬礼动作。

脚位

正步位：双脚并拢，脚尖向前。

踏步位：一脚脚尖朝斜前方，另一脚在后脚掌点地，膝略屈。

点步位（前、旁、后）：前点步——一脚支撑，另一脚在正前方用脚尖点地。旁点步——一脚支撑，另一脚在旁侧用脚尖点地。后点步——一脚支撑，另一脚在正后方用脚尖点地。

手臂动作

绕腕：手腕绕动一圈，可分为慢绕和快绕两种。

摊手：手心向上，手臂由里向外打开的动作。

捧手：手心向上，手臂由下向上或由外向里的动作。

7. 基本舞步

垫步

小八字步准备。第一拍右脚向左一步，脚跟着地向下碾，脚尖稍离地从右划至左。第二拍左脚向左移动，重复进行。以上动作为向左侧的横垫步，向右侧横垫步动作相同，方向相反。

进退步

小八字步准备。第一拍前半拍右脚向前迈一步，脚跟点地，后半拍左脚原地踏步一下。第二拍前半拍右脚向后退一步，脚掌踩地，后半拍左脚原地踏步一下。在练习过程中注意保持重心平稳。

三步一抬步

小八字步准备，准备拍的最后半拍右腿小腿自然后抬，身体转向 8 点。第一二拍右脚起步，半拍一步向前走三步，最后半拍左腿小腿自然后抬，身体转向 2 点。第三四拍左脚起步，半拍一步向前走三步，最后半拍右腿小腿自然后抬，身体转向 8 点。三步一抬步可直线做，交叉上步做，也可抬步转身做。

错步

小八字步准备。第一拍前半拍右脚向前迈一步，脚掌着地，重心前移，后半拍左脚向前上步于右脚后。第二拍右脚再向前迈步，随后左脚起步做错步，动作相同，方向相反。

点步

小八字步准备。做动作时主力腿随着音乐的节拍原地屈伸（或向任意方向上步），同时主力腿脚掌按着音乐的节拍有规律地点地，点地的位置可在主力腿的前、侧、后等，也可以主力腿为轴进行点转，还可做点步移动。做动作时要求身体挺拔。

空乘人员形体及体能训练

示范视频 11

维吾尔族舞蹈（一）
维吾尔族动律

8. 组合动作

（1）维吾尔族动律

预备姿势　　　　（1）　1~2 拍　　　　　3~4 拍　　　　　　5~8 拍

双脚正步位，双臂自然下垂，面对 1 点站立。　　右脚向前伸，同时上身前倾，双手在胸前七位。　　左脚向前上一步，上身直立，双手在二位。　　右脚前点步，双手二位，移颈同时右脚两拍 1 点。

（2）1~6 拍：动作同第（1）个八拍中的 5~8 拍，两拍一次。
　　7~8 拍：右脚前点步，双臂自然下垂。

（3）　1~2 拍　　　　　3~4 拍　　　　　5~6 拍　　　　　7~8 拍

身体向右转面对 3 点，右脚前点步，双手于头顶手腕相对，指尖向左。　　身体向右转面对 4 点，右脚前点步，双手于头顶手腕相对，指尖向右。　　身体向右转面对 5 点，右脚前点步，双手于头顶手腕相对，指尖向左。　　身体向右转面对 6 点，右脚前点步，双手于头顶手腕相对，指尖向右。

（4）　1~2 拍　　　　　3~4 拍　　　　　5~6 拍　　　　　7~8 拍

身体向右转面对 7 点，右脚前点步，双手于头顶手腕相对，指尖向左。　　身体向右转面对 8 点，右脚前点步，双手于头顶手腕相对，指尖向右。　　身体向右转面对 1 点，右脚前点步，双手于头顶手腕相对，指尖向左。　　身体向右转面对 1 点，右脚前点步，双手于头顶手腕相对，指尖向右。

图 3-4-5　维吾尔族动律

（5）动作同（1），方向相反。
（6）动作同（2），方向相反。
（7）动作同（3），方向相反。
（8）动作同（4），方向相反。最后半拍双手向里绕腕。

（9）　1~2拍　　　　　3~4拍　　　　　5~6拍　　　　　7~8拍

左脚后撤步半蹲，双手在胸前七位。　　右脚旁点步，双手在胸前七位。　　右脚后撤步半蹲，双手在胸前绕腕。　　左脚旁点步，同时双手向两边打开到二位。

（10）　1~2拍　　　　　3~4拍　　　　　5~6拍　　　　　7~8拍

左脚后撤步半蹲，双手在胸前摊手。　　右脚旁点步，双手在头顶三位。　　右脚后撤步半蹲，双手在胸前摊手。　　左脚旁点步，双手在头顶三位。

（11）　1拍　　　　　2~4拍　　　　　5拍　　　　　6~8拍

右脚原地踏一步双膝略屈，右手握拳，拇指指向右肩上，左手握拳，拇指指向右腋下。　　左脚向后迈一步脚掌着地，右脚向后迈一步停住，双臂从旁到自然下垂。　　左脚原地踏一步双膝略屈，左手握拳，拇指指向左肩上，右手握拳拇指指向左腋下。　　右脚向后迈一步脚掌着地，左脚向后迈一步停住，双臂从旁到自然下垂。

（12）动作同（11）。最后半拍左膝颤一下，同时右小腿吸起。

图 3-4-5　维吾尔族动律（续）

（13） 1拍	2~4拍	5拍	6~8拍
右脚向8点上一步，脚跟先着地，左手握拳，拇指指向左肩上，右臂自然下垂。	左脚向左旁横迈一步，脚向左脚前旁上一步，右臂从旁到自然下垂。	左脚向2点上一步，脚跟先着地，右手握拳，拇指指向右肩上，左臂自然下垂。	右脚向右旁横迈一步，脚向右脚前旁上一步，右臂从旁到自然下垂。

（14）动作同（13）。

（15） 1~4拍	5~8拍	（16） 1~4拍	5~8拍
左脚在前，右脚后踏步半蹲，右手心朝上由外向里收回，左臂自然下垂。	双手向里绕腕，右手高，左手低。	右脚后点步，双手提压腕，两拍一次。	身体从右侧转一圈。

图 3-4-5 维吾尔族动律（续）

示范视频 12

维吾尔族舞蹈（二）
维吾尔族体态

（2）维吾尔族体态

预备姿势	（1） 1~2拍	3~4拍	5~6拍
双脚正步位，双臂自然下垂，面对1点站立。	右脚向8点上一步蹲，同时左手指尖搭肩，右臂自然下垂。	左脚旁点步，双腿直立，同时左手翻腕向旁边推出去。	左脚向2点上一步蹲，同时右手指尖搭肩，左臂自然下垂。

图 3-4-6 维吾尔族体态

| 7~8拍 | （2） 1~4拍 | 5~8拍 |

右脚旁点步，双腿直立，同时右手翻腕向旁边推出去。　　身体从左侧转半圈，同时右脚侧点步两拍一次，左手立起，右手身后随动。　　身体转回1点，同时右脚侧点步两拍一次，左手立起，右手在身后随动。

（3）动作同（1），方向相反。
（4）动作同（2），方向相反。
（5）动作同（1）。
（6）动作同（2）。
（7）动作同（1），方向相反。
（8）动作同（2），方向相反。最后半拍右膝颤一下，同时左小腿吸起。

（9） 1~4拍　　5~8拍　　（10） 1~2拍　　3~4拍

左脚向2点上一步，右脚侧点步双手手心朝下，左手在头侧，右手在腰旁。　　原地侧点步，两拍一动。　　身体从左侧转向7点，右脚侧点步。　　身体从左侧转向5点，右脚点步。

5~6拍　　7~8拍　　（11） 1~2拍　　3~4拍

身体从左侧转向3点，右脚侧点步。　　身体从左侧转向1点，右脚侧点步。　　身体前倾，右脚向前上一步，左臂向前摆动。　　身体前倾，左脚向前上一步，右臂向前摆动。

图3-4-6 维吾尔族体态（续）

5~7拍	8拍	（12） 1~8拍
身体直立，从右脚开始交替向前迈三步，手臂在体侧自然摆动。	左脚向左旁横迈一步，右脚后踏步，右手手心朝下在头旁，左臂自然下垂。	双膝微颤，身体右、左、右、左摆动，右手在头旁指尖弹动，左臂自然下垂。

（13）动作同（11），方向相反。
（14）动作同（12），方向相反。
（15）动作同（11），方向相反。
（16）动作同（12），方向相反。
（17）动作同（11），方向相反。
（18）动作同（12），方向相反。
（19）动作同（9），方向相反。
（20）动作同（10），方向相反。

图 3-4-6 维吾尔族体态（续）

（二）蒙古族舞蹈

蒙古族人民世代繁衍生息在我国北方辽阔的大草原上，自古以天地、山川和雄鹰为图腾。由于长期受游牧狩猎生活和草原地理环境气候的影响，蒙古族和其他东方民族差异很大，形成了强悍、矫健的体魄和桀骜不驯、勇往直前的性格，同时也创造了富有草原文化气息、具有游牧民族特色的游牧舞蹈——蒙古族舞。他们的民间舞蹈热情奔放、稳健有力、节奏欢快，具有粗犷、剽悍、质朴、庄重的鲜明特点，洋溢着来自大自然的勃勃生机，呈现一派豪放与自信的"天之骄子"的气概。

1. 体态的基本特征

蒙古族舞体态的基本特征是表演者上身略微后倾，颈部稍后枕，下巴略抬，视线开阔，有置身草原的感觉，这一特征始终贯穿每一个动作之中。蒙古族舞蹈的手形以平手为主，这种手形同样给人以开阔大方之感。

2. 律动的基本特征

蒙古族舞的律动特点为步伐的"蹭拖"和上身"画圆"，它们体现了蒙古族人民雄浑、刚毅、端庄、稳健的性格特征。肩、臂、腰、腕的画圆在蒙古族舞蹈中十分常见，有着十分重要的意义。为表现蒙古族人民粗犷、剽悍、质朴、庄重的性格，20世纪50年代以后，舞蹈工作者创作出大量典型蒙古族舞蹈的动作技巧，如"马步腾跃""正板腰"等，以及一些采用实用道具的舞蹈，如"筷子舞""盅碗舞"等，给予蒙古族舞发展和创新，使其具有更强的技巧性和观赏性。蒙古族有"马背民族"之称。游牧民族喜爱飞翔于蓝天的雄鹰，喜爱驰骋在草原上的骏马，蒙古族人民把民族感情、民族特征和来自大自然的灵感都融汇于鹰和马的舞蹈形象上，因此，展现英勇骑士驰骋草原的马，象征男子粗犷气质的雄鹰，自然成了蒙古族男子舞蹈的典型形象之一。

3. 基本动作

常用手形

平手：四指并拢，拇指自然伸直。

空拳：五指握成空心拳。

常用手位

一位手：双臂向斜下方平伸于小腹前，手心向下，双肘略弯曲。

二位手：双臂体前侧下举，手心向下。

三位手：双臂侧平举，手心向下。

四位手：双臂斜上举，手心向下。

五位手：双手于右（左）胯旁按掌，指尖相对。

六位手：双臂间侧曲肘，指尖触肩。

七位手：双手握空拳，拇指伸出叉腰，手背朝上。

八位手：双手背于体后按掌。

常用脚位

八字步：两脚呈八字形站立。

踏步：一脚脚尖朝斜前方站立，另一脚在后用脚掌点地。

前点步：一脚八字步，另一脚正前方，膝略弯曲打开，脚尖点地。

骑马手臂动作

勒马：手臂在胸前压腕、屈肘、向后拉臂，好似拉缰绳动作。此动作可单手做，也可双手做。

举鞭：一手持鞭高举，另一手拉缰绳，也叫扬鞭。

加鞭：一手持鞭由上经前用力向后甩，另一手拉缰绳。

挥鞭：一手持鞭高举于头上轻轻挥动鞭子，另一手抖动手腕。

手、臂、肩的基本动作

（1）手腕的动作

硬腕：手腕有节奏的提压，或者平行横向左右移动（也叫横腕），节奏鲜明，富有弹性，并且做法多种多样，如可双手同时同向提压，双手同时异向交替提压等。

柔腕：慢节奏、有柔韧地提压腕或横腕左右移动。

翻转腕：手掌外缘带动向外或向里翻转腕推拉掌。

（2）手臂的动作

柔臂：双肩在体侧交替或同时上下摆动，做动作时以肘发力带动肩、大臂、小臂、手腕、动作过程缓慢、舒展，犹如连绵起伏的波浪。

转臂：双臂侧平举交替转动手臂。动作要缓慢、深沉、用内在力。

（3）肩的动作

柔肩：双肩节奏缓慢地前后交替移动。动作过程慢而柔，舒展而连贯。

硬肩：双肩节奏鲜明地前后交替移动。动作过程快而脆，有停顿感。

耸肩：双肩有弹性地同向或交替上下移动。

笑肩：双肩有弹性地起落，松弛灵活，一般连续起落三次为一次笑肩。

甩肩：以肩代臂，潇洒豪放地单肩或双肩交替前后甩动。

抖肩：双肩快速均匀、流畅自如地前后交替抖动。

4. 基本舞步

平步

小八字步准备。第一拍右脚掌拖地向前迈进一步，第二拍左脚掌拖地向前迈进一步，以后重复进行。平步可以在不同方向进行，走平步时上体要平稳，不要上下起伏。

踏跐步

小八字步准备。第一拍右脚向右侧画弧迈步，由脚掌过渡到全脚着地，屈膝，同时左腿屈膝、脚离地，身体重心下沉。第二拍左脚掌踏在右脚后左腿伸直，同时右脚离地。以后重复进行。踏跐步时第二拍一直是前脚掌着地，每一步身体都要随之有弹性地上下起伏。

碎步

正步准备。做动作时，双脚立踵、有节奏地双脚交替快速而又均匀地小步行进或原地转动。膝关节要放松，步子要稳健而又细碎，快速而又灵活。

走马步

右脚在前的丁字步准备。第一拍右腿提膝，小腿前伸向前方迈一小步，由脚掌着地过渡到全脚着地、重心前移。第二拍左腿提膝，小腿前伸向前迈一小步，脚掌着地过渡到全脚着地、重心前移。以后重复进行。此步法可移动中进行，也可在原地进行。

跺掌步

正步准备。第一拍的前半拍，右脚向右前方迈出呈弓步，同时脚掌着地、脚跟抬起、重心前移；后半拍脚跟跺地。第二拍的前半拍，左脚向左前方迈出呈弓步，同时脚掌着地、脚跟抬起、重心前移；后半拍，脚跟跺地。跺掌步还可以在正步的基础上进行。

跑马步

正步准备。左右腿交替前踢跳落，一般为半拍一步。

示范视频 13

蒙古族舞蹈（一）
蒙古族软手

5. 组合动作

（1）蒙古族软手

预备姿势
右脚在前，左脚在后小踏步，双手一位，眼看2点。

前奏
最后一拍左脚向2点上步蹲。

（1）1~4 拍
两腿慢慢伸直，同时用左臂肘关节向上带到四位，右臂自然下垂。

5~7 拍
左手慢慢向下压腕，左臂自然下垂。

图 3-4-7 蒙古族软手

 8拍	 （2） 1~4拍	 5~8拍	 （3） 1~2拍
右脚向8点上步蹲。	两腿慢慢伸直，同时用右臂肘关节向上带到四位，左臂自然下垂。	右手慢慢向下压腕，右臂自然下垂。	左脚向前迈一步，同时左肩从前向后柔肩，双臂在二位摆动。
 3~4拍	 5~6拍	 7~8拍	 （4） 1~2拍
右脚向前迈一步，同时右肩从前向后柔肩，双臂在二位摆动。	左脚向前迈一步，同时左肩从前向后柔肩，双臂在二位摆动。	右脚向前迈一步，同时右肩从前向后柔肩，双臂在二位摆动。	左脚向前走马步，双臂在三位柔臂。
 3~4拍	 5~6拍	 7拍	 8拍
右脚向前走马步，双臂在三位柔臂。	左脚向前走马步，双臂在三位柔臂。	右脚向前走马步，双臂在三位柔臂。	从左侧转身，面对5点，右脚向4点上步蹲。
 （5） 1~4拍	 5~7拍	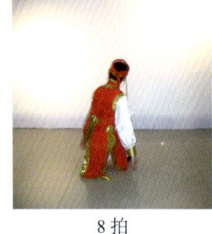 8拍	 （6） 1~4拍
两腿慢慢伸直，同时右手手心向上带到四位，左臂自然下垂。	右手手背朝下，慢慢向下压腕，右臂自然下垂。	左脚向6点上步蹲。	两腿慢慢伸直，同时左手手心向上带到四位，右臂自然下垂。

图 3-4-7 蒙古族软手（续）

图 3-4-7 蒙古族软手（续）

（11）动作同（9），方向相反。
（12）动作同（10），方向相反。最后半拍从右侧转身，面对 5 点。

（13） 1~2 拍	3~4 拍	5 拍	6 拍
右脚向前走马步，双手手心朝上在三位柔臂。	左脚向前走马步，双手手心朝上在三位柔臂。	右脚向右迈一步，右肩从前向后柔肩，双臂在三位，双手手心朝上。	左脚向右脚后迈一步，左肩从前向后柔肩，双臂在三位，双手手心朝上。

7 拍	8 拍
右脚向右迈一步，右肩从前向后柔肩，双臂在三位，双手手心朝上。	左脚向右迈一步落在右脚旁，左肩从前向后柔肩，双臂在三位，双手手心朝上。

（14）动作同（13），方向相反。
（15）动作同（13）中的 1~2 拍。
（16）1~4 拍：动作同（13）中的 5~6 拍，伴有两次双膝的屈伸动作。
　　　5~8 拍：动作同（13）中的 5~6 拍，方向相反。最后半拍从右侧转身，面对 1 点。

（17） 1~2 拍	3~4 拍	5 拍	6 拍
双膝屈伸一次，右脚在前碎步向前走，双臂在三位柔臂上提。	双膝屈伸一次，右脚在前碎步向前走，双臂在三位柔臂下压。	双膝屈伸一次，右脚在前碎步向前走，双臂在三位柔臂上提。	双膝屈伸一次，右脚在前碎步向前走，双臂在三位柔臂下压。

图 3-4-7 蒙古族软手（续）

第三单元　形体塑造篇

7拍	8拍	（18）1~4拍	5~8拍
右脚向右迈一步，右肩从前向后柔肩，双臂在三位，双手手心朝上。	左脚向右迈一步落在右脚旁，左肩从前向后柔肩，双臂在三位，双手手心朝上。	双膝伸直，右脚在前原地碎步，双臂上下柔臂，一拍一动。	从左侧转身，面对5点，动作同1~4拍。

（19）动作同（17）。
（20）1~4拍：动作同（18）中的1~4拍。
　　　5~8拍：双腿伸直站立不动，双臂柔臂速度逐渐减慢至停止不动。

图 3-4-7　蒙古族软手（续）

示范视频14

蒙古族舞蹈（二）
蒙古族硬腕

（2）蒙古族硬腕

预备姿势	（1）1~4拍	5~8拍	（2）1~4拍
面向1点，小八字步，基本体态站好，双手体侧自然下垂。	体前双手一位提压腕，一拍一次。	二位手提压腕，一拍一次。	三位手提压腕，一拍一次。

5~8拍	（3）1~4拍	5~8拍	（4）1~4拍
四位手提压腕，一拍一次。	移重心至右脚，左脚前点，同时双手一位手提压腕，一拍一次。	撤左脚成左小踏步，同时双手三位手提压腕，一拍一次。	重心移至左脚成右脚前点，同时双手一位手提压腕，一拍一次。

图 3-4-8　蒙古族硬腕

5~8拍	（5） 1拍	2拍	3拍
左脚向2点上步成大踏步，右手到胸前，左手体侧平伸，双手提压腕。	右脚向旁打开成双脚重心大八字步，同时双臂三位手提压腕一次。	重心移至右脚，左手四位，右手三位提压腕一次，伴有一次双膝的屈伸动作。	左脚向旁打开成双脚重心大八字步，同时双臂三位手提压腕一次。

4拍	5~6拍	7~8拍
重心移至左脚，右手四位，左手三位提压腕一次，伴有一次双膝的屈伸动作。	右脚向4点撤步，左脚点地，上身右倾，右手叉腰，左手四位手提压腕。	动作同5~6拍，伴有两次双膝的屈伸动作。

（6）动作同（5），方向相反。

（7） 1~4拍	5~8拍	（8） 1~4拍	5~8拍
右脚在前左脚在后，原地踏步，双手体前一位提压腕，两拍一次。	左脚在前右脚在后，原地踏步，双手二位提压腕，两拍一次。	身体前倾，右脚在前左脚在后，原地踏步，双手于体右侧提压腕，两拍一次。	身体前倾，左脚在前右脚在后，原地踏步，双手于体左侧提压腕，两拍一次。

图 3-4-8 蒙古族硬腕（续）

（9）　　1~4拍　　　　　　5~8拍　　　　　（10）　1~4拍　　　　　　5~8拍

右脚向2点上步成弓箭步，重心在右脚，双手一位提压腕，两拍一次。　　重心后移到左脚，双手体前一位提压腕，两拍一次。　　右脚向右侧横迈一步，双手三位提压腕，两拍一次。　　左脚向左侧横迈一步，双手三位提压腕，两拍一次。

（11）动作同（9），方向相反。
（12）动作同（10），方向相反。
（13）动作同（8）。

图 3-4-8　蒙古族硬腕（续）

（三）藏族舞蹈

藏族主要居住在青藏高原上，是一个历史悠久的古老民族。"一顺边"是高原型农牧文化的民间舞蹈特征。高原人民在生活劳动中形成了特有的艺术；"一顺边"就是我们俗话所说的"顺拐"，都是以腰部为主要动作延伸而成的独特的动律。

藏族民间舞蹈中，松胯、弓腰、曲背（前微倾）等是常见的基本形象。

1. 基本手位、脚位

手位

垂肩：双手自然下垂，在胯旁。

扶胯：双手扶在胯部略前。

脚位

自然位：双脚八字位自然站立。

丁字位：一脚八字位，另一脚脚跟靠在八字位脚脚窝处。

2. 基本动律

颤动

颤动是藏族舞蹈的精髓元素。通过颤动的练习使舞者能初步松弛地运用膝关节。方法：双腿并拢，脚自然位，膝部微微颤动。

屈伸

以上身和腿部的屈伸为主,流动性强。方法:双腿并拢,脚自然位,腿部上下屈伸。

3. 舞蹈《天路》

主题: 优美舞姿,把我们带进青藏高原,抒发了藏族儿女对铁路工人的敬佩以及他们对家乡发生巨变的感情。

藏族舞蹈《天路》

风格特点: 抒情、优雅、流畅、婉转。

动作特点: 手臂动作要求流畅,三步一点的脚部动作和三步一举的手部动作,舞姿造型多变。

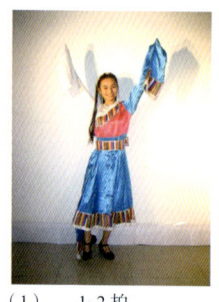   

(1) 1~2拍 — 双手从胸前向上举起,右腿微抬,双手打开。

3~4拍 — 右腿打开,左腿弯曲,上身前微倾,行礼。

5~6拍 — 起身,双手扶胯位置,身体后靠,右脚勾脚前点地,头倒向7点。

7~8拍 — 方向相反,左脚勾脚前点地,头倒向3点。

(2) 1~4拍 — 右手举起向3点,右脚勾脚前点地,眼视8点。

5~8拍 — 方向相反,左手举起向7点,左脚勾脚前点地,眼视2点。

(3) 1~2拍 — 掏右手,盖左手,同时勾右脚。

3~4拍 — 方向相反,掏左手,盖右手,同时勾左脚。

图 3-4-9 藏族舞蹈《天路》

| 5~6 拍 | 7~8 拍 | （4） 1~4 拍 | 5~8 拍 |

双手平举，从左划到右，同时勾右脚。

方向相反，双手从右划到左，同时勾左脚。

双手打开，左手在前上，右手在后下，向4点三步一举，身体后靠。

方向相反，右手在前上，左手在后下，向6点方向三步一举，身体后靠。

| （5） 1~4 拍 | 5~8 拍 | （6） 1~4 拍 | 5~8 拍 |

右手举起向3点，右脚勾脚前点地，眼视8点。

反面，左手举起向7点，左脚勾脚前点地，眼视2点。

掏右手，盖左手，同时勾右脚。
反方向，掏左手，盖右手，同时勾左脚。

双手平举，从左划到右，同时勾右脚。
反方向，双手从右划到左，同时勾左脚。

| （7） 1~4 拍 | 5~8 拍 | （8） 1~4 拍 | 5~8 拍 |

双手平举，右脚向右迈出，左脚勾脚点地，头倒向3点。

方向相反，向后走三步，抬左腿。

双手扶胯位，右脚勾脚点地两次。

方向相反，左脚勾脚点地两次。

图 3-4-9 藏族舞蹈《天路》（续）

(9) 1~4拍	5~8拍	(10) 1~4拍	5~8拍
左脚向左迈出，右脚勾脚点地，头倒向7点。	双手向上举起，脚下向2点三步一抬。	方向相反，双手向上举起，脚下向8点三步一抬。	双手向胸前交叉，右脚向右迈，双手打开，左脚勾脚点地。

(11) 1~4拍	5~8拍	(12) 1~4拍	5~8拍
方向相反，双手向胸前交叉，左脚向左迈，双手打开，右脚勾脚点地。	右脚向右三步一点，双手打开，左手向左上举起。	右脚向右迈出，左脚勾脚前点和后点，左手前举经下后出。	方向相反，左脚向左迈出，右脚勾脚前点和后点。

(13) 1~4拍	5~8拍	(14) 1~4拍	5~8拍
向右三步一抬，右手在前，左手在旁，在胸前划至旁侧，右手向上举起。	方向相反，向左三步一抬，左手在前，右手在旁，在胸前划至旁侧，左手向上举起。	身体对1点，双手交叉，三步一点，双手打开，左手上右手下，身体向右靠。	方向相反，双手交叉，三步一点，双手打开，右手上左手下，身体向左靠。

图 3-4-9 藏族舞蹈《天路》(续)

（15） 1~4拍　　　　　5~8拍　　　　（16） 1~4拍　　　　　5~8拍

双手打开，身体微俯，向旁三步一点，右手经胸前举起，眼看右手。

方向相反，双手打开，身体微俯，向旁三步一点，左手从胸前举起，眼看左手。

一步一点，双手打开，身体向6点靠。方向相反，一步一点身体向4点靠。

双手打开，圆场下后出，转身面向2点造型摆好。

图 3-4-9 藏族舞蹈《天路》（续）

（四）朝鲜族舞蹈

朝鲜族民间舞蹈以潇洒、典雅、含蓄、飘逸而著称。其民族保持着尚白、敬老、重礼节、喜洁净的习俗。朝鲜舞蹈兼具典雅优美、潇洒柔婉和刚劲跌宕的特点。

朝鲜舞蹈的基本体态特征是垂肩、含胸、蓄腰、气息下沉、松弛，透出一种外松内紧的含蓄美。

1. 基本手位

食指、中指自然伸直，无名指、小指自然微屈，大拇指接近中指。

围手：双手从前划到后，围着身体前后划。

斜下手：双手胯旁做提裙动作。

平开手：双手平举。

斜上手：双手斜上举，手心向下。

扛手：双手上举，手肘微弯，手心向上。

2. 基本脚位

自然位：两脚稍分开自然站立。

基本位：一脚脚尖朝斜前方，另一脚在后膝略弯曲，脚尖点地。

大八字位：两脚分开站立，脚尖朝斜前方。

前丁字位：一脚八字位，另一脚跟靠于一脚脚窝中。

3. 舞蹈《新阿里郎颂》

示范视频16
朝鲜族舞蹈《新阿里郎颂》

（1）1~4拍　　　5~8拍　　　（2）1~4拍　　　5~8拍

打开双手，一手翻腕向上扛手，同时抬腿勾脚。

落手，到提裙位，左脚向前迈，到自然位。

打开双手，一手翻腕向上扛手，同时抬腿勾脚。

落手，到提裙位，右脚向前迈，到自然位。

（3）1~4拍　　　5~8拍　　　（4）1~4拍　　　5~8拍

右脚向2点迈出，双手向前平推，提手压腕。

反向动作。

双手平开，提到左耳边，拍两次，脚自然位。

反向动作。

（5）1~4拍　　　5~8拍　　　（6）1~4拍　　　5~8拍

双手拍腿甩手，耸肩，一手8点斜下，另一手4点斜上。

双手打开，脚向4点后退步。

双手拍腿甩手，耸肩，一手2点斜下，另一手6点斜上。

双手打开，脚向6点后退步。

图 3-4-10 朝鲜族舞蹈《新阿里郎颂》

（7） 1~4拍　　　　5~8拍　　　　（8） 1~4拍　　　　5~8拍
拍腿向左面拍手甩手，手　反向动作。　　　双手扛手，脚步向后碎步　反向动作。
臂放松，脚向前搓步。　　　　　　　　　　退。

（9） 1~4拍　　　　5~8拍　　　　（10） 1~4拍　　　　5~8拍
双手提裙，左脚提起，向　后踢步向2点走四步，双　双手提裙，左脚提起，向　后踢步向8点走四步，双
2点迈出，立起脚尖一次。　手平开，双手交替摇手。　8点迈出，立起脚尖一次。　手平开，双手交替摇手。

（11） 1~4拍　　　　5~8拍　　　　（12） 1~4拍　　　　5~8拍
左手单扛手，右手平开，　反向动作，向后迈步。　　向后圆场，双手围手，平　结束动作为：转身左手提
向前迈步，换手。　　　　　　　　　　　　　开。　　　　　　　　　　裙，右手放在左肩前，左
　　　　　　　　　　　　　　　　　　　　　　　　　　　　　　　脚勾脚向2点抬起。

图3-4-10 朝鲜族舞蹈《新阿里郎颂》（续）

励志小故事

《唐宫夜宴》实践艺术形象创新　让传统文化走向大众

　　舞蹈《唐宫夜宴》由郑州歌舞剧院舞蹈编导陈琳创作，14名女舞蹈演员，用婀娜多姿、秀逸韵致的舞姿将大唐盛世的传统文化形象完美地呈现在舞台上，让观众在欣赏"鬓云欲度香腮雪，衣香袂影是盛唐"的别样丰腴身韵审美风姿的同时，感受中华厚重的历史和文化。

　　对于《唐宫夜宴》的创作灵感，陈琳这样介绍道："当时我们去了很多家博物馆参观。其中有一组唐代乐俑，给我留下的印象非常深刻，我就想象它这种形态，如果是在博物馆里面'活'起来，把我们带到一千多年以前，会是什么场景？"于是，这支舞蹈有了这样的开头：钢琴、钟磬和戏曲场面依次奏响，一群彩绘陶俑逐渐从定格的展陈文物，幻化成了各具性格的唐宫少女。

　　相较于以往的舞蹈节目，《唐宫夜宴》在"画风"和舞台形象上非常独特，具有极大的创新性。用陈琳的话说，"我们这么多年的古典舞都是很'唯美'的，演员们都是非常苗条、修长的"，但这个节目刻画的是"以胖为美"的唐代，作为故事原型的唐女俑，也是"圆圆胖胖"，憨态可掬。为了更贴近历史，同时也想跟以往的古典舞作品有所区别，陈琳希望能让演员"胖起来"。在与负责服装设计的同事商议之后，陈琳等人采用了"连体棉服"的方案，即在舞蹈演出服的里面，从肩至腿穿一层贴合身体、不易晃动的特制连体衣，并用轻质填充物为演员改变体态。

　　让人更伤脑筋的是，如何让这些"瓜子脸"的姑娘们变成"满月脸"。为了实现这一点，陈琳在自己脸上试了很多种方法。后来有一次陈琳在化妆师家里吃葡萄，还没来得及咬开咽下，她突然灵光一闪：她先是用纸巾团成一团替代葡萄，而后换用不易软化的棉球含在口中，对它的"易容"效果甚为满意。最终，《唐宫夜宴》的演员上台录制之前，口中含的都是医用棉球，"从上牙框填充到下牙框"。

　　2021年2月10日，河南卫视春晚首播之后，《唐宫夜宴》率先在当地引发盛赞。随着节目视频在网络端的二次传播、电视台的重播，其精致诙谐的舞蹈编排、雍容大气的高科技特效，乃至于圆润讨喜的"唐宫少女"形象,均获得了文化学者、文博爱好者以及喜欢舞蹈的观众们的好评。

2023年7月20日,《唐宫夜宴》舞蹈IP亮相第十三届中国国际漫画博览会。

艺术上的创新,可以让更多的人了解中国传统文化,提高艺术审美,起到大众美育教育的作用。

第四单元
科学健身篇

单元导读

健康的生活方式是形体美塑造的保障。本单元模块一从如何认识肥胖、肥胖的标准、产生肥胖的原因、形体瘦身计划四个方面阐述了健康与肥胖的关系。模块二从全方位从什么是有氧运动、有氧运动量的确定、有氧运动应当注意的环节与事项对有氧运动进行了解析。模块三介绍了多种场景的日常生活中的锻炼方法及训练计划。模块四从营养学的基本概念、健身运动的营养控制、运动饮食的热门话题三个方面阐明了科学饮食方法。模块五从造成运动损伤的原因、常见的运动损伤及处理、运动损伤的防范三个方面提出了常见的运动损伤与防范方法。旨在引导学生提升健康的生活方式，科学健身塑造形体美。

模块一　健康与肥胖

学习目标

1. 正确认识肥胖；
2. 了解科学美体的原则。

一、如何认识肥胖

年轻的姑娘和小伙子们常常会为日渐"丰满"的体形发愁,中老年人更是视肥胖如大敌。近几年,"肥胖儿"的不断增多,也成了家长们焦虑的热门话题。世界卫生组织肥胖研究小组负责人费里·詹姆斯博士指出:"肥胖人群现在正以每5年增加一倍的速度像海浪一样向我们涌来。"难怪有人认为肥胖已成为现代社会中的一大"公害"。

从美学角度来判断胖瘦之美,往往由于文化与时代背景的不同而存在着差异。当前社会的时尚是以瘦为美,也称"骨感美",这成了许多年轻人追求的目标,越来越多的爱美青年匆匆加入了减肥人群的行列,这直接导致的一个后果就是盲目减肥。因此,引导青年人形成理性的健美观并科学地控制体重至关重要。

判断一个人是否肥胖并不是一件简单的事,它不像个子高低可以用皮尺丈量便知分晓。单靠称体重还是解决不了这个问题。我们发现通常人长得高体重就重,长得矮体重就轻,体重与身高存在着极其密切的关系。也就是说,每个不同身高的人都有与之相称的体重。见表4-1-1。

表 4-1-1 我国成人身高与体重对照表

男			女		
身高(cm)	体重均值(kg)	体重范围(kg)	身高(cm)	体重均值(kg)	体重范围(kg)
170	63.6	60.7~66.5	160	52.5	49.8~55.2
173	65.7	62.5~68.8	163	54.1	51.1~57.0
175	67.5	64.3~70.6	165	55.7	52.5~58.8
178	69.3	66.1~72.4	168	57.7	54.3~61.1
180	71.3	67.9~74.7	170	59.5	56.1~62.9
183	73.4	69.7~77.0	173	61.3	57.9~64.7
185	75.4	71.5~79.2	175	63.1	59.7~66.5
188	77.4	73.3~81.5	178	65.0	61.6~68.4

(刁在箴,郑捷.新世纪体育健美操.北京:高等教育出版社,2005.)

二、肥胖的标准

首先，我们要清楚什么是"肥胖"，什么是"瘦弱"。"肥胖"是指由于体内脂肪的堆积，使体重增加。"瘦弱"是指体内脂肪与蛋白质减少，体重下降超过正常标准。一个人的胖瘦并不是凭肉眼测算的，有人把体重较重看成为肥胖，把体重较轻者视为瘦弱，这是片面的。在我国一般采用超过标准体重的百分比来判定肥胖或瘦弱程度，研究人员利用统计学的方法，把身高和体重的这种关系用公式的形式表现出来，通过自己的身高及体重就可以根据公式判断是否肥胖或瘦弱。常见的公式如下：

肥胖度=[（实际体重-标准体重）/标准体重]×100%

其中，标准体重的计算方式分如下两种情况：

（1）标准体重（千克）=[身高（厘米）-100]×0.9（本公式适用于身高155厘米以上者）；

（2）标准体重（千克）=身高（厘米）-100（本公式适用于身高155厘米以下者）。

如果测算的结果低于或高于标准体重的10%都属于正常现象；如果测算结果高于10%以上为超重或过重，超过标准体重20%为肥胖，低于标准体重的10%为瘦弱，低于标准体重20%为严重瘦弱。

肥胖度的评价见表4-1-2。

表4-1-2 肥胖度评价表

序号	肥胖度	评价
1	<-40	极度消瘦　极度热量不足
2	<-30	重度消瘦　重度热量不足
3	<-20	中度消瘦　中度热量不足
4	<-10	偏瘦　热量不足
5	±10	正常
6	>10	偏胖　热量过剩
7	>20	中度肥胖　中度热量过剩
8	>30	重度肥胖　重度热量过剩

（来源：刁在箴，郑捷.新世纪体育健美操.北京：高等教育出版社，2005.）

三、产生肥胖的原因

经专家学者研究证明,产生肥胖的主要原因是人体摄入的热量超过消耗的热量。

(一)遗传因素

有学者研究发现:父母体重正常,他们子女的肥胖发生率只占10%左右;如果父母中一方肥胖,其子女肥胖发生率就增至40%~50%;如果双亲都胖,其子女肥胖发生率增至70%~80%。遗传学研究还发现人类肥胖的遗传都在40%~80%,就是说一个人肥胖与否有40%~80%是遗传的,后天可以控制的占20%~60%。

我国学者研究发现,虽然由于遗传体质的不同,有的人容易发胖。但通过运动,尤其是"运动+合理饮食"控制的方法可以使他们不发胖。

(二)"消耗"减少

通常产生单纯性肥胖的基本原因是"吃多,动少","动少"是关键。据美国近年来的研究发现,虽然与原来相比在摄取热量方面男子减少了10%~15%,女子减少了5%~10%,而且食物中脂肪量也减少了许多,但美国人的平均体重并没有因此而下降。有人对350名肥胖者进行研究,发现其中67.5%的人平日活动很少。有人观察肥胖的学生及体重正常的学生在体育课上的运动情况,发现肥胖的学生大部分时间都是站着不动,而体重正常的学生在体育课上则非常活跃,大多数时间从事剧烈的运动。美国著名营养学家梅耶曾对28名过胖的女学生做过调查。这些胖姑娘肥胖的原因是不好动,一般常参加运动的学生的体力消耗是她们的两倍。以上材料表明身体肥胖的一个重要原因是缺乏体育运动。

(三)精神因素

控制我们食欲的是位于丘脑的两个神经中枢——饱食中枢和饥饿中枢。它们受人的神经影响极大。有的人在情绪激动时,神经兴奋起来,刺激饥饿中枢,使食欲旺盛造成过度进食,引起肥胖。有人精神忧虑或情绪不好,则借大量进食以发泄获取的慰藉。

（四）病理性因素

由于一些疾病的影响也会造成肥胖。如下丘脑性肥胖、高胰岛素性肥胖以及肿瘤压迫影响食欲中枢，都可出现过食—肥胖现象。此外由于服用某些激素类药物、抗精神病类药物或服用避孕药物不当等，也可导致肥胖的发生。

导致肥胖的不良习惯

每个人在日常生活中都会有导致肥胖的坏习惯，以下是致使人们肥胖的因素：

- 一天喝两瓶以上的果汁或饮料；
- 喜欢吃西餐；
- 喜欢吃肥肉；
- 喜欢吃火锅和酸辣有味的食物；
- 吃饭速度很快、不残留食物，统统吃光，餐后一定吃甜点；
- 每次午餐后很快进入午休；
- 很晚休息，而且有吃夜宵的习惯，用餐后 1 小时之内就睡觉；
- 包里总是放着一些饼干、糖果，家里常有点心或甜品之类的食物；
- 假期里，喜欢待在家里躺着而且经常吃小食品；
- 曾有过减肥成果却又胖回来的情形；
- 没有运动习惯，每天以坐为主。

减肥瘦身的误区

由于人们对肥胖成因的误解，一些爱美人士用尽方法减肥但始终徒劳无功。导致肥胖的成因多样，然而若是轻信一些错误观点，运用错误的纤体瘦身方法，便会使减肥进入误区。

（1）不吃早餐、晚餐，只吃午餐。误以为不吃早餐、晚餐能减少热量的摄入，从而达到减肥的目的，殊不知不吃早餐和晚餐对人体伤害极大，无益于健康。

（2）节食。任何时候少吃都是减肥的必要前提，但是少吃不等于不吃。极端的节食会造成厌食症，影响身体各方面机能，也失去了减肥的真正意义。

（3）不吃任何有营养的食物。如不吃含有丰富蛋白质的肉、蛋、鱼、淀粉等，认为这些食物会增加脂肪，只吃水果和未烹饪的蔬菜等。这样会导致必要的营养和热量摄入减少。

（4）固定食谱。尽管每日三餐不少，但不变化食谱，这样做固然减少了一些热量的摄入，但久而久之会使身体缺少全面的营养，有害无益。

（5）以药物代替天然食品。只服用营养品、维生素类药代替日常饮食中应该摄取的营养。

（6）药物减肥。靠药物减肥风行于世，许多人喝减肥茶、吃减肥药，可能确实能使身体苗条一些，但往往药物停止后，体重反弹会更快。

只想减肥、不想锻炼的观点和以上几个减肥误区对女性的健康成长极为不利。运动是进行瘦身、健身最行之有效的方法。

四、形体瘦身计划

（一）制订瘦身计划的步骤

（1）瘦身之前要进行全面的身体检查。
（2）测量肥胖程度。在超过或低于标准体重20%以内者，没有减肥的必要。只要纠正饮食习惯，使体重不再增加就可以了。如果体重超过标准体重20%以上，就必须从确定目标体重开始减肥。
（3）制订瘦身计划。

（二）制订瘦身计划目标的原则

1. 针对性原则

每个人的体形状况各不相同，进行形体训练时，锻炼者要根据自己的实际情况科学地制订训练计划才能取得良好的效果。为了达到减肥瘦身的成功，刚开始不能把目标定得太高而不切实际，要具有针对性。例如，一个体重70kg的人把最初的目标定为减掉体重的10%（即7kg），达到62kg就比较合理可行。这样一来，既没有把目标定得太脱离实际而难以实现，又有可能第一次就减肥成功。突破第一关后，就可以制定第二阶段的减肥目标，减掉体重的20%。如果效果好的话，再考虑下一步的减肥目标是多少。因此，我们可以参考表4-1-1找出自己身高对应的体重数值作为减重的最终目标。我们所说的理想体重只不过是所有人共同的大致目标，而不是每一个人减肥的确切目标。锻炼者可以参考选择。

2. 循序渐进原则

人的形体塑造有一个变化的过程。训练负荷的安排要由易到难、由简到繁、由小到大地逐步提高，从而使形体始终朝着自己理想的方向发展。但是，并不是所有的人都能顺利地减肥。有的人一开始瘦身时运动量就很大，但体重却无法减下来；也有的人因效果不好而灰心丧气放弃减肥。合理安排运动计划，不做过高而无序的运动量，一点点地循序渐进的减肥方法才是可行的。

3. 全面性原则

人体是一个有机的整体，各器官系统的机能是有机地联系在一起的。锻炼者的训练内容与手段要相结合，多样性和全面性要相结合，才能使身体机能全面增强，形体才能更加完美匀称。

4. 不间断原则

人的形体变化不是一朝一夕之事，也不是一劳永逸之功，而是长时间训练量的积累，是坚持不懈的结果。贵在坚持是每一位形体塑造者要牢记的。

模块二　有氧运动解析

学习目标

1. 懂得有氧运动的机理；
2. 学会科学健身的方法。

一、什么是有氧运动

现代化的高楼大厦仿佛成了一个金丝笼，把人类与自然隔得很远。现代人仿佛是上满发条的机器，时时不停地运转着，同时一些"文明病"也随之而来。运动不足，营养过剩，已成为"文明病"的重要原因之一。长久以来人们一直寻找治疗"文明病"的良方。1968年美国太空总署医生库珀博士专门为宇航员设计有氧体能训练计划时发明了有氧运动，成为美国著名的健身运动专家。

什么是"Aerobics"？

"Aerobics"是"有氧运动"的意思。它是一个集合的概念，是一种以有氧供能为主的运动方式。

它的特点是运动强度低、时间长，主要靠糖原和脂肪的有氧分解供能。它可以提高练习者的有氧耐力来达到减脂的目的。

长跑、有氧健身操、跳绳、游泳、骑车等，只要是符合有氧运动特点的都可称为有氧运动。

二、如何确定有氧运动量

有氧运动量的大小直接影响有氧运动的效果。如果运动量过大会使人过度疲劳，甚至伤害身体健康。

一般人容易把运动量理解为跑的距离、跳操的时间长短等数量因素，实际上这只是运动量中的一部分。

运动量应包括：

1. 数量的多少；
2. 强度的高低；
3. 密度的大小。

对于进行有氧运动的人来说必须把握好数量与强度两个因素之间的关系，才能达到有氧运动锻炼的预期效果。

有氧运动的强度一般使用最大摄氧量的百分比来计算。但最大摄氧量的测定很不方便，相关学者从大量的实践及研究中发现心率的快慢和最大摄氧量一般成正比，也就是说心率越快、最大摄氧量的百分比也就越大（见表4-2-1所示）。当锻炼结束后，立即计出10秒的脉搏数再乘以6得出每分钟的心率，便可查出运动时相应的强度。

表 4-2-1 不同年龄、心率和运动强度对照表

心率 强度	年龄 8~12岁	13~17岁	18~29岁	30~39岁	40~49岁	50~59岁	60岁以上
100%	195	190	190	185	175	165	155
90%	180	175	175	170	165	155	145
80%	170	165	165	160	150	145	135
70%	160	155	150	145	140	135	130
60%	150	150	140	140	135	130	125
50%	145	140	135	135	130	125	120
40%	140	135	130	130	120	120	115
30%	135	130	125	120	115	110	110
20%	130	125	120	115	110	105	105
10%	125	120	115	110	105	100	100

（任宝莲，王德平.走跑健身运动全书.北京：北京体育大学出版社，1999.）

锻炼者可以根据自己运动后即刻的心率，在表4-2-1中查到自己运动的强度是多少，再加上运动的时间就可在表4-2-2中找到自己这次锻炼的运动量了。例如，一位20岁的健身爱好者想用中等运动量进行锻炼就可用60%的强度（心率140次/分钟）运动30分钟，或用67%的强度（心率147次/分钟）运动20分钟。

表 4-2-2 运动强度、运动时间和运动量对照表

运动量	运动强度（%）＼运动时间（分钟）	5	10	15	20	30	45	60
	大	90	85	80	75	70	65	60
	中	85	75	70	67	60	55	50
	小	70	65	60	55	50	45	40

（任宝莲，王德平.走跑健身运动全书.北京：北京体育大学出版社，1999.）

注意：不经常锻炼的人应当从小运动量开始锻炼，经过一段时间适应后再按表 4-2-1 和表 4-2-2 的运动量锻炼，这样才不会造成身体的不适，而更有利于坚持长久的锻炼。

三、有氧运动应当注意的环节

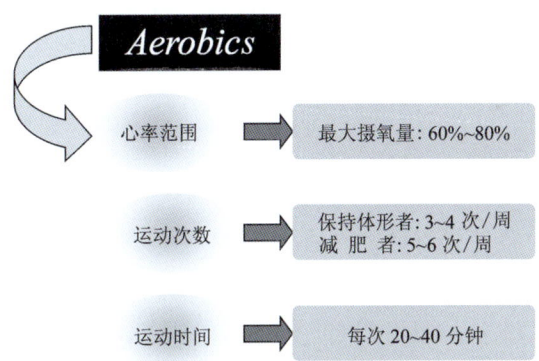

四、有氧运动应当注意的事项

（一）因人而异选择项目

在进行有氧运动时，练习者可以根据自身的特点和场地设施的条件来选择适合自己的运动项目，但一定要注意运动量和运动时间。

（二）连续不间断

在进行有氧运动的时候，尽量保持运动的连续性。在练习的过程中保持心率尽量在有氧运动的心率范围内。

（三）全身锻炼与针对性锻炼相结合

有氧运动持续的时间比较长，如果经常从事某一个动作的练习，会增加练习者身体局部的负担。注意在全面锻炼身体的原则基础上，结合针对性的锻炼。

（四）持之以恒坚持长久

有氧运动应当坚持长久才能见到实效。每个星期应当坚持3~4次以上才能保证有氧运动的效果。

模块三　日常生活中的锻炼方法

学习目标

1. 懂得日常生活中锻炼的机理；
2. 学会日常生活中的锻炼方法。

在大学时代，书本是陪伴我们时间最多的朋友，教室、图书馆、宿舍是我们停留时间最多的地方。三点一线的生活方式会使人变得很慵懒，由此带来的是臀部、大腿和腹部部位赘肉的增多。在下面的内容里我们将介绍给大家一些既安全又有效的锻炼方法，让你在任何场合都能进行练习。每个人可根据个人的需要来调节，在不经意中自然地获得健康。

一、练习方法介绍

我们所介绍的所有练习内容都是基于一个最简单的练习方法——身体对抗

性练习。

那么什么是"身体对抗性练习"呢？

身体对抗性练习也称"等长练习"，是基于肌肉的收缩和舒张且肌肉力量相互对抗而使肌肉匀称结实的练习。即，使一块肌肉在静力位置上慢慢地、自然地绷紧和强壮。

（一）练习体验

双手胸前合掌，发力对推，如图 4-3-1 所示。当你加力时会感到上臂的肌肉正在紧张地收缩，同时胸肌也在用力。这种用力并没有改变肌肉的长度，但我们会感受到肢体受到的阻力；这种阻力会有效地消耗掉我们的能量，同时肌肉也在这种等长的静力练习中得到锻炼。人体若不经

图 4-3-1 双手合掌发力对推

常运动，肌肉功能会渐渐减退，肌肉就会松弛、下坠，特别是臀部。臀肌下坠在女性中是一个普遍现象，这是女性自身生理发育所导致的自然结果。

（二）时机选择

对抗性练习可在任何合适的地点进行，如宿舍、教室、图书馆、影剧院等，也可以在超市购物排队时、公交车站等车时。这种训练的可能性是无止境的，要养成在任何时间都能进行锻炼的习惯是非常不容易的。我们这里所设计的练习内容动作相对简洁、易操作，便于学习者将这些对抗性练习融入每天的生活之中。

二、制订身体训练计划

在编排自己的整体训练计划之前，首先列出你打算增强和重塑的是哪些部位，其次必须确定每天进行练习的时间。练习的时间不必是计划好的时间去进行专门的练习，而是根据自己的日程合理地安排训练内容。还可以利用一天中属于自己的碎片化时间安排相应的训练内容。

> 注意事项：
> 1. 练习前不要忘记做准备活动；
> 2. 完成练习内容后要进行整理活动使肌肉放松。

在选择内容和编制训练日程时，可以把计划的内容多列出一些，以方便我们选择。要使这些计划内容有规律地完成，就要精确计算完成每套练习及其中各种动作的时间。在身体未能全部适应所有的练习内容所带来的负荷前，增加内容会对整体计划不利，训练过量会产生一定数量的乳酸造成氧债，肌肉的酸痛会影响训练，容易使人失去信心而不能顺利地完成计划。

三、准备活动

在每次练习开始前要做准备活动。这些对抗性练习出现受伤的可能性很小，但因为肌肉、关节的温度很低，黏滞性的增加会降低它们的延展性，若预先没有舒展肌肉韧带、关节，在练习中就会感觉不舒服，活动也会因此受限。

四、时时刻刻的健身操

（一）晨练操

地点：卧室（宿舍）的床上，也可在铺有垫子的地板上。
时间：清晨、睡醒后。

练习1

练习部位：手指、脚踝、躯干肌肉。

睡醒后伸一个"懒腰"是件很惬意的事，你可以尽情地去做这个动作：缓缓地伸腿、张臂、展腹、送髋，使身体得到最大限度的伸展。要确实让肩和腰腹感到肌肉都在慢慢地舒展，不要忘记加一些小动作：手指先握后伸，脚趾先勾回、绷起，再勾回、绷起。重复4~5次。如图4-3-2所示。

练习 2

练习部位：肩部肌肉。

让身体慢慢地反转过来，像小猫"伸懒腰"一样将身体拱起成一个弓形。双膝跪地，双手尽可能前伸伏地，胸和肩慢慢向下压，停留10秒，同时感受肩部肌肉和关节也随之舒展开来。如图 4-3-3 所示。

图 4-3-2 舒展全身

图 4-3-3 放松肩部

练习 3

练习部位：脊椎、腹部肌肉。

完成练习2之后，上体前移，让身体完全伸直。缓慢撑起双臂，让腹部和髋部尽可能地贴近地面，身体呈反弓形，充分伸展你的腹部肌肉。停留10秒。如图 4-3-4 所示。

练习 4

练习部位：大腿前侧。

身体侧卧在床上，向左而卧，用右手抓住向后弯曲的右脚慢慢地拉向大腿后侧，停留10~15秒；然后换一方向腿重复同样的动作。如图 4-3-5 所示。

图 4-3-4 舒展脊椎和腹部

图 4-3-5 拉伸大腿前侧

练习 5

练习部位：腰侧肌肉。

仰卧，并腿，屈起双腿，让膝盖慢慢倒向一侧，直至接触地面，停留 10 秒，换另一侧。重复练习 3~4 次。如图 4-3-6 所示。

图 4-3-6 拉伸侧腰

练习 6

练习部位：腰背部肌肉、臀部、大腿后侧。

上体直立坐在垫子上，两腿并腿平伸，脚尖绷直。

上体向前慢慢倾斜，双手抓住脚尖或脚踝，同时注意双腿伸直并拢不能弯曲。

双手抱住踝关节（或脚掌），试着让额头触及膝盖或小腿。

保持 30 秒，重复 8~10 次。如图 4-3-7 所示。

图 4-3-7 坐立前屈拉伸腰背臀腿

练习 7

图 4-3-8 束角前屈拉伸大腿内侧

练习部位：大腿内侧。

上体直立坐在床或垫子上，两脚掌相对。

双手抓住两脚踝，将足跟向内拉，让其尽量靠近骶髂关节，双膝向两侧打开，尽可能接近地面。

将上体尽量前倾，保持 5~7 秒，重复 4~5 次。如图 4-3-8 所示。重复 8~10 次。

练习 8

练习部位：脚踝、小腿。

双手撑地，躯干屈体呈 90 度，单脚前脚掌撑地，另一只脚搭在撑地腿的小腿上，依靠躯干重量，拉伸小腿肌肉。停留 15 秒，换另一条腿。如图 4-3-9 所示。

图 4-3-9 拉伸小腿

（二）书桌前的隐形操

地点：教室、图书馆。

时间：课间休息时。

大学生每周至少有 40 个小时坐在书桌前。长时间伏案而坐，会使你的腹部、大腿、腰部、臀部的赘肉增多。我们可以在繁忙的学习生活中抽出时间进行锻炼来除去这些赘肉。这部分的练习是无声的，既不会影响他人的活动，又不会引起别人的注意，所以我们称其为"隐形操"。

这套动作不仅可以在教室或图书馆的书桌前做，在电影院、理发、洗淋浴甚至打电话交谈时，均可做此练习。

练习 1

练习部位：颈部肌肉。

右手从头上绕过，用手掌按住左太阳穴，试图将头部拉向右侧肩部，同时颈部左侧的肌肉发力，去抵触这个拉力。这种对抗力量的大小要量力而行，初次练习时力量要小一些，一般把手搭上去的重量就足够了。停留 5~6 秒，换另一侧。重复 2~3 次。

低头，双手搭在头后，同时颈后肌群发力，向上抬头。停留 5~6 秒，重复 2~3 次。如图 4-3-10 所示。

图 4-3-10 拉伸颈部

练习 2

练习部位：胸部肌肉。

预备姿势：两手在胸前用力相握，肘关节弯曲并且外展，做好准备动作。

先把手放在前体腹部位置进行练习，然后移至胸部位置，最后双手放在头顶上方进行练习。

用力握紧的双手做相抵抗动作。每个位置持续 4~6 秒。动作过程中，肘关节始终保持弯曲，从低往高，再逐个区域依次返回到准备姿势。连续做 4 次。如图 4-3-11 所示。

图 4-3-11 启动胸肌

练习 3

练习部位：腰腹部肌肉。

椅子稍稍远离书桌（膝盖不碰到桌子为宜），保持上身直立，后背不要接触椅子。保持上体原有的身体姿势并收腹，尝试着把在地上的脚抬离地面，并保持 5~7 秒。重复练习 3~5 次。

上体贴紧椅子的靠背，屈膝，把腿继续向上抬，让膝盖尽可能接近上体，然后并腿向前平直伸出，尽可能地让大腿悬空，不要接触椅子面，保持 3~5 秒后，屈膝，重复练习 3~5 次。如图 4-3-12 所示。

图 4-3-12 锻炼腰腹

> **注意事项：**
>
> 由于动作的幅度稍大，在做练习前，一定要确认不会触及他人或面前的书桌，以免发出响声。

练习4

练习部位：大腿肌肉。

坐在靠背椅子上，上体直立，两脚打开与肩同宽，小腿与地面垂直。

两臂伸直，用手掌按住膝关节的外侧，用力阻止你要向外打开的双腿。保持约30秒后，放松一下，重复6~10次。这个练习可以改善大腿外侧的肌肉质量，同时对胸肌也有较好的锻炼效果。

两臂伸直，用拳或手背贴住膝关节的内侧，用力阻止你要向内并拢的双腿。保持约30秒后，放松一下，重复6~10次。这个对大腿内侧肌肉有帮助的动作，同样会锻炼肩部外侧肌肉。

如果感到上臂的力量对大腿的外展、内合没有太大的阻碍，就将双踝在地板上做交叉换位，双膝靠拢，用相互交叉的双踝做抵抗运动，膝部和大腿也相互抵抗，可向内、可向外。然后，交叉换位。每次坚持30秒。两侧各重复4~6次。如图4-3-13所示。

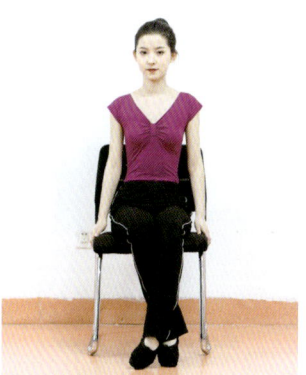

图4-3-13 锻炼大腿

练习 5

练习部位：小腿肌肉和脚踝（1）。

动作（1）　坐在有靠背的椅子上，上体直立，两脚并拢平行放于地面，小腿与地面垂直。连续完成脚趾和脚掌向上抬起动作，要求脚跟始终着地。接下来是脚趾不要离地，把脚跟尽量向上抬起，做提踵练习。

此练习是为了伸展小腿肌肉，并进一步重新塑造小腿，同时也将增加踝关节的力量。如图 4-3-14 所示。

图 4-3-14　锻炼小腿和脚踝（1）

动作（2）　以双脚足跟为中轴，脚趾先向上勾起，再向外侧展开，然后还原。练习 30 次左右。如图 4-3-15 所示。

图 4-3-15　锻炼小腿和脚踝（2）

练习 6

练习部位：骨盆与臀部。

坐在椅子上进行练习，两脚开立与肩同宽。

收腹，紧绷大腿和臀部肌肉。一手置于腹前，一手扶在腰后，先使绷紧和收缩的骨盆周围肌肉向后突起，塌腰，臀部上翘，然后骨盆和臀部用力向前挺出。还原练习 50~100 次。如图 4-3-16 所示。

图 4-3-16 坐姿锻炼盆骨与臀部

练习 7

练习部位：上臂、肩部和颈背部。

坐在靠背椅子上，上体直立，两脚并拢平行放于地面，小腿与地面垂直。

两手抓住椅子的两侧，用力试图把坐在椅子上的你抬起。伸直双臂练习，会改善肩部和颈背部。屈肘练习，会改善肱二头肌。

每次停留 8~10 秒，重复 4~6 次。如图 4-3-17 所示。

图 4-3-17 锻炼上臂及肩颈背

练习 8

练习部位：小腿肌肉。

我们想要获得的是外形优美的小腿。在前面练习 5 和练习 6 中，已经介绍了一些小腿和踝关节的练习方法，加上这个动作，我们可以把它们编成一组，只要坚持 2~3 个星期，就可以看到小腿的变化。

前脚掌站在楼梯的台阶上，足跟在台阶外，面向上楼梯的方向，轻轻地扶着扶手或墙壁，保持身体的平衡，躯干正直；用力提踵将整个身体向上推起，之后自然放松，落下足跟，并尽可能地使足跟低于台阶面；再重新提踵使其高于台阶面。反复练习 25~30 次。如图 4-3-18 所示。

图 4-3-18 锻炼小腿

注意身体的重心要保持大幅度地上下,千万不要出现突发性动作。这个动作是让身体通过踝的力量做平衡的上下运动,力量不宜过大、过猛。练习过程中,一旦进行伸展小腿肌肉的练习,就有可能发酸,一天以后,这种酸痛即可消失。

> **注意事项:**
>
> 多数专家认为隔天训练最好,因为训练过量会产生一定数量的乳酸,造成氧债,肌肉疼痛就会影响训练。然而,对抗性练习强调训练强度的适中,使肌肉不能产生过多的乳酸,因此也不会出现氧债,更谈不上肌肉受伤。我们强调参加运动不要牵强,要在锻炼中寻找快乐。

(三)宿舍里的健身操

地点:寝室、盥洗室,梳妆镜前,床上或在铺有垫子的地板上。
时间:起床后,洗脸、化妆时。

练习 1

练习部位:颈部。

身体直立,两脚平行开立,两臂自然下垂。颈部向身体一侧慢慢倾斜,并试图让耳朵触到肩部(不要耸肩)之后,头经体前慢慢绕向另一侧,反复进行。如图 4-3-19 所示。

图 4-3-19 锻炼颈部

练习 2

练习部位：胸部、肩部、上臂肌肉。

面朝桌子或其他固定物站立，相距 60cm 左右，两腿伸直全脚掌着地，手撑在桌面的边缘上，两臂分开与肩同宽，背部始终保持挺直，紧收腹肌。

身体挺直，让躯干向桌子慢慢倾倒，直到胸部触及桌子为止。注意肘关节要有控制地弯曲，脚跟可以提起，然后上臂慢慢发力将躯干推起，还原。

每一个动作需要 3~4 秒，每组动作练习 15~20 次。如图 4-3-20 所示。

图 4-3-20 锻炼胸、肩、上臂

做这个练习时，在地板上铺上一条浴巾或一块垫子，尽量不要穿鞋袜。
这个动作有两种练习方式：
（1）臂屈伸时肘关节向侧（开肘），以胸部肌肉练习为主；
（2）臂屈伸时肘关节向后（夹肘），以上臂肌肉练习为主。

练习3

练习部位：胸部

跪膝俯卧撑：俯撑，小腿弯曲，膝盖着地，上体与大腿保持在一条直线上，两臂分开与肩同宽。

身体挺直，让躯干向地面慢慢倒，直到胸部触及地面为止，注意肘关节要有控制地弯曲。上臂慢慢发力将躯干推起还原。每组动作练习8~10次，练习2~3组。如图4-3-21所示。

图4-3-21 跪膝俯卧撑 锻炼胸部

练习4

练习部位：骨盆与臀部。

两脚开立与肩同宽（也可以并腿），膝部微屈。

收腹，紧绷大腿和臀部肌肉，一手置于腹前，另一手扶在腰后；先使绷紧和收缩的骨盆周围肌肉向后突起，塌腰、臀部上翘；然后骨盆和臀部用力向前挺出。最后还原。练习50~100次。如图4-3-22所示。

图4-3-22 站姿锻炼盆骨与臀部

提示

做此练习时应当学会控制肌肉，这个动作只要求腰部以下肌肉处于紧张状态，其他部位均要放松。练习前期，这个动作以每次做 50 次为宜，速度可快可慢（慢做 50 次的效果可相当于快做的 100 次）。两三周以后，你就会发觉你的臀部的肌肉的变化，它会变得有弹性并且不再下坠。在追求"理想的臀部"过程中，完成此练习是最佳办法。

练习 5

练习部位：大腿、膝关节。

直立，身体右侧面放一把椅子，手扶椅子保持身体平衡。用 4 拍的时间（正常速度）抬起左腿至水平位置，同时小腿弯曲让脚尖靠近右腿膝关节；再用 4 拍的时间让抬起的左腿向左侧打开，同身体成为一个平面，膝关节的位置不变；接着再用 4 拍的时间让小腿抬起并使大小腿伸直，并与地面保持水平位置，维持这个姿势 2 拍；然后用 2 拍的时间让腿下落到立正的开始位置。重复 4~6 次后，换另一条腿进行。每一组练习 15~20 秒，整个练习需要 120~180 秒。如图 4-3-23 所示。

图 4-3-23 锻炼大腿和膝关节

练习 6

练习部位：臀部和大腿。

动作（1） 身体直立双腿并拢，双手撑在前方的椅子上。一条腿慢慢地向后方抬起，直至与地面平行或高于水平面，保持这种姿势 8~10 秒，再慢慢地放下来。换另一条腿做同样的练习。每条腿各 5 次。如图 4-3-24 所示。

动作（2） 仰卧在床（或垫子）上，屈腿，小腿与地面垂直，两手放在身体两侧。肩背着地，臀肌紧收，用力将躯干抬起，直至上体与大腿成一条直线，保持这个姿势8~10秒。练习6~8次。如图4-3-25所示。

图4-3-24 扶椅背锻炼臀部和大腿

图4-3-25 仰卧锻炼臀部和大腿

练习7

练习部位：腰腹肌肉。

下面8个腹肌练习动作，建议每次选择2~3个进行练习。

准备动作：身体呈仰卧姿势，两腿屈膝90度，两手放在身体两侧，如图4-3-26所示。

动作（1） 准备动作后慢慢将小腿抬起，与大腿成一条直线，双腿伸直与地面成45度角。保持这一姿势6~8秒，然后还原。练习3~5次。如图4-3-27所示。

图4-3-26 准备动作

图4-3-27 双腿抬离地面45度角

动作（2） 准备动作后将双膝收向胸部并靠拢，双手紧抱小腿，然后身体充分伸展至仰卧双臂上伸。练习12~15次。如图4-3-28所示。

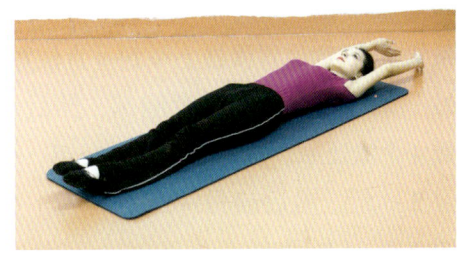

图 4-3-28 收腹双手抱膝

动作（3） 准备动作后把腿往上抬至 45 度角的位置，保持这个姿势，同时让双腿在空中做左右交叉腿的横向动作。每次做 60 秒，练习 3~5 次。如图 4-3-29 所示。

这个动作虽然很难做，却是一个非常有价值的动作。在做这个动作时，参与的肌肉不仅仅是腹肌，横向运动的大腿内外侧肌肉、髋部髂腰肌都参与了这个动作。这个训练会导致心率加快，切记要保持正常的呼吸形式。

图 4-3-29 45 度剪刀腿

动作（4） 把一条腿的小腿吸起，大腿尽量靠近胸部，另一条腿完全伸直，两手放在身体两侧。把伸直的腿向上慢慢抬起，高度不超过 45 度角，维持平衡并使其在这个位置上停顿 8~10 秒。单腿重复 2~3 次后，换另一条腿，重复相同的动作。如图 4-3-30 所示。

图 4-3-30 45 度单腿吸腿

动作（5） 把静态动作4做成一个动态动作。数4个数，把伸直的一条腿从45度位置慢慢上举到垂直位置，另一条弯曲腿尽量靠近胸部，然后再数4个数还原。重复6~8次为一组，练习2~3组，然后换另一条腿练习。如图4-3-31所示。

图4-3-31 垂直单吸腿

动作（6） 身体呈仰卧姿势，屈体呈90度角，屈腿呈90度角，让髋关节和膝关节形成两个90度角，两手放在身体两侧，保持身体平衡。如图4-3-32所示。

保持躯干和大腿的位置不变，将一条腿的小腿向上伸直，直至与地面垂直，两条腿以膝关节为轴，交替运动。练习60秒为一组，共练习3组。如图4-3-33所示。

图4-3-32 屈体屈腿90度角

图4-3-33 双腿交替垂直地面

图4-3-34 垂直地面蹬自行车

动作（7） 将脚尖勾起，两腿尽量顺垂直于地面方向向上蹬起，做仰卧蹬自行车动作，两手放在身体两侧，保持身体平衡。每次练习40~60秒，练习2~3次。如图4-3-34所示。

动作（8） 仰卧起坐。

练习仰卧起坐可以改善我们的上腹部肌肉，但是上体抬得过高（肩部离地超过30cm）并不能对增强腹肌有任何帮助，这时参与工作的是大腿前侧的肌肉，而不是腹肌。

仰卧，弯曲双膝，脚掌放在地板上，也可以把腿伸直；双手扶住头部或把手搭在肩的两端，肘关节朝上。

首先开始收缩腹肌，抬头并使双肩离开地面，同时向上方运动，腰背部紧贴地板，维持这种姿势1秒，然后还原，反复进行。

开始阶段重复20次，以后可增至30~35次为一组，每次练习2~3组。如图4-3-35所示。

图 4-3-35 仰卧起坐

练习 8

上体直立坐在床上，让小腿放在床沿外，或者坐立在地垫上，两腿并拢并伸直，脚尖绷直。

动作（1） 两脚脚尖同时先勾起再绷直。反复练习50次。

动作（2） 两脚的脚尖交替地勾起、绷直。反复练习50次。如图4-3-36所示。

图 4-3-36 勾绷脚

练习 9

动作（1）：站立体前屈　　身体直立，两脚左右平行开立，两腿伸直，上体前屈，两臂直臂下伸，垂直于地面，颈部与背部充分放松，做前屈体。手臂自然下垂，不要强行触地，让大腿后侧肌肉、臀部、腰、后背甚至手指的肌肉都被拉长。坚持 40 秒。如图 4-3-37 所示。

动作（2）：跪地后仰　　从跪坐在踝关节上开始，上体后倒，可以用双手撑住身体，防止上体下落速度过快，慢慢下落，直至双肩着地。让大腿的前面肌肉、腹肌、踝关节被充分地拉长。坚持 30 秒。如图 4-3-38 所示。

图 4-3-37 站立体前屈

动作（3）：坐姿分腿体前屈　　从分腿坐开始，上体前倾做前屈动作，上体自然前俯。

这个动作主要是放松大腿内侧和臀部、背部肌肉。如图 4-3-39 所示。

图 4-3-38 跪地后仰

图 4-3-39 坐姿分腿前屈

动作（4）：肩部放松　　这个肩部放松练习包括三个步骤：前突、上提、后展。这个练习适合于任何地点，如果在淋浴时进行，效果更佳，因为这样肩部会直接受热，有按摩和热敷之功效，对减轻肩部肌肉紧张极为有效。

① 双肩同时耸起，数 4 拍后双肩同时放松；

② 用含胸动作让双肩向前突出，数 4 拍后回到正常位置；

③ 展胸夹背让双肩后展，4 拍后回到开始位置；

④ 用 8 拍的时间让双肩经前突、上提、后展，回到开始位置。

完成（1）~（4）为一组，做4组。如图4-3-40所示。

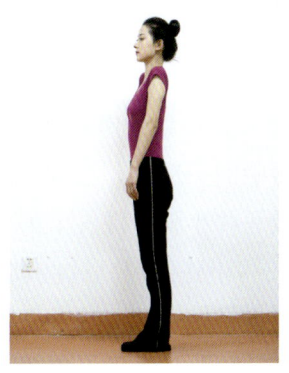

图4-3-40 肩部放松

动作（5）：利用毛巾放松上臂与肩部 利用毛巾同样可以放松你的肩部和上臂。

双手在背部抓住毛巾，上面手臂的肘关节尽可能贴近耳部，手臂放松；用下面抓住毛巾的手轻轻地下拉，会感到上臂和肩部肌肉的牵拉感。

坚持15秒，换手做练习，重复2次。如图4-3-41所示。

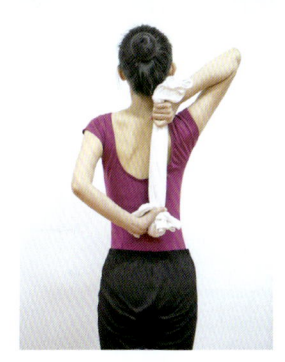

图4-3-41 利用毛巾放松上臂和肩部

（四）随时随地的健身操

地点：等车、乘车、排队用餐、看电影、步行等。
时间：周末休息时。

在熙熙攘攘的车站等车时，或排队用餐时，你也可以抓紧时间进行身体练习。做这种练习以不影响他人也不让他人察觉而使自己难为情为佳，所以一般只选择一些下肢的练习动作，如小腿的提踵练习、收腹收臀的练习等。所有这些练习可以在你的支配下无声无息、毫不被他人觉察地完成。

我们每天都要走路，不妨将步行也作为一种锻炼的方式。步行时使自己的身体尽量地挺拔，收腹立腰收臀大步前行，使你的腰腹、臀、大腿、小腿都能得到很好的锻炼。这也是一个事半功倍的练习方法，如果你每天都能坚持连续走 30 分钟的路程，一个月后你就会体验到良好的锻炼效果了。

看电影或电视时可采用前面所讲过的书桌前的隐形操，不会影响他人。

这样的例子很多很多，只要想练，只需动动脑筋，就可以根据你当时所处的场合、位置想出很多训练方法。

总之，"安全和稳妥"是我们训练的座右铭，一旦学会了怎样做练习，这个训练日程就将成为你生活中的一部分。当你坐在书桌前休息时，你就可以做一些胸部的练习，或者做一些小腿、踝关节的练习；当你坐在那里看电视时，你就可以高抬脚趾做一些小腿练习。这些训练计划的美妙之处就在于，可以花少量的时间来舒适地做每一种练习，并根据不同场合选择不同的练习内容。这些内容既简便又容易，效果来得又非常迅速，你会从中得到无穷的乐趣。

总之，赶紧来实践吧！

模块四　科学饮食方法

学习目标

1. 了解营养学的基本概念；
2. 懂得科学饮食的方法与原则。

一、营养学的几个基本概念

（一）营养素

人类为维持生命必须从外界摄取食物。食物中含有的能维持人体正常生理机能、促进生长发育和健康的化学物质称为营养素（nutrient）。

（二）热量平衡

摄入食物的总热量与运动消耗的总热量相等时，我们就称为热量平衡，这时的体重不变；如果消耗得多摄入得少，则会出现负平衡，体内储存的营养物质就要消耗，这时体重就会下降；如果摄入多于消耗，多余的热能就会储存在体内（通常大多以合称为"脂肪"的形式储存），体重就会上升。

（三）均衡膳食

摄入的营养素能充分满足人体的需要，既不多也不少叫作均衡膳食。只有均衡膳食，身体才会健康。

二、人体所需的六大营养素

（一）碳水化合物（糖）

碳水化合物是人体的主要能量来源。1克碳水化合物能产生4卡热量。中枢神经活动完全依赖于碳水化合物的供给，它可以协助脂肪和蛋白质有效地燃烧和利用，有助于保持适当的细胞体液平衡，使细胞功效最大化。坚持适度食用碳水化合物有助于维持适度的血糖平衡，并可以节省蛋白质，使蛋白质更多地用于肌肉合成。它主要以简单和复杂两种形式存在。简单的形式是单糖，如葡萄糖、果糖和蔗糖含有能量，但却几乎不含什么营养成分。复杂的碳水化合物在土豆、玉米、豆类、大米和全麦制品中都能找到，它含有重要的营养成分和纤维素（如表4-4-1所示）。进食复杂的碳水化合物的一个最大的好处就是摄入了纤维素。

摄入纤维素的益处：

（1）延迟胃排空时间，从而增强饱腹感；

（2）维持良好的肠动力，促进有规律的肠蠕动，防止便秘；

（3）调节机体对葡萄糖的吸收。

有研究表明高纤维素膳食在进餐后表现出对血糖水平的调节可维持5小时以上，所以纤维素能够调节机体的消化率和对碳水化合物的同化作用。

表 4-4-1 不同吸收程度的碳水化合物

吸收程度	碳水化合物
高	糖、蜂蜜、玉米、白面包、精制谷类、烤土豆
中	全麦面包、大米、燕麦、麦麸、豌豆
低	豆类、水果（苹果、桃、柚子等）、蔬菜等

吸收程度高的碳水化合物会导致胰岛素明显上升。胰岛素是一种使血糖降低的激素，同时可以合成脂肪。长期食用吸收程度高的碳水化合物会使细胞对胰岛素的敏感度降低，最终会导致成年型糖尿病。超重、高血压、心脏病的人选择吸收程度低的碳水化合物才是明智之举。

对于绝大多数成年人，运动时和不运动时碳水化合物的摄入是有区别的（如表4-4-2所示）。有人认为减肥必须通过降低饮食中的碳水化合物的比例来减体脂，其实这是一个误区。因为体重的增减与总热能的摄入有关，而与饮食中常量营养素无关。低碳水化合物饮食降低体重的原因有两个：低热量摄入和脂体的丢失。确保长时间减重效果应同日常饮食习惯相关，而非单独严格限制或减少某一种常量营养素的摄入。

表 4-4-2 运动型饮食结构

成分	运动型饮食（占总热量%）	普通型饮食（占总热量%）
碳水化合物	60~65	45~50
脂肪	20~25	35~40
蛋白质	15	10~15

（肖春梅，丘君芳，梁小杰.健康运动指南.北京：北京体育大学出版社，2005.）

美国曾投入大量的人力、物力研究碳水化合物摄入与流行性肥胖的关系。结论都是相似的：碳水化合物能使人肥胖，然而低脂肪饮食仍使美国人变得越来越胖，其原因在于美国大众的高能量摄入与低能量消耗。

建议：

（1）每天的饮食应包括25g纤维素；

（2）碳水化合物摄入方案应根据个人的偏好、活动水平和饱腹感来制定，其摄入量应占摄入总量的50%~70%；

（3）多吃水果、全谷和蔬菜，这些都是纤维素的主要来源；

（4）每天饮食应先满足蛋白质和脂肪需求量，然后再估算食品的碳水化合物摄入量。

（二）脂肪

脂肪是人体的第二个能量来源，但也是食品中的定时炸弹。每克脂肪提供9热卡的能量，是碳水化合物和蛋白质氧化释放能量的两倍多。除提供能量，脂肪还可用作脂肪性维生素A、D、E、K的载体。维生素D可促进钙的吸收，使身体组织尤其是骨骼和牙齿的钙供应充足。脂肪对于胡萝卜素性维生素A的转变过程亦十分重要。脂肪并非一无是处，脂肪参与下列生理作用。

（1）细胞内营养素的控制与排泄；

（2）包绕、保护固定器官，如肾脏、肝脏、心脏；

（3）维持体温，使身体免受外界环境温度的影响；

（4）减缓胃液内盐酸的分泌，延长胃的排空时间，增长餐后饱腹感时间；

（5）刺激胆囊收缩素的释放，胆囊收缩素有助于产生饱腹感；

（6）每克脂肪产生9卡热量；

（7）脂肪存在于所有的细胞中；

（8）脂肪的摄入应占总能量摄入的10%~30%，超过总能量摄入的30%会导致过量进食（脂肪食物的体积小）与新陈代谢降低。

建议：控制体重者应按照能量平衡所要求的量，按照健康原则摄入热量，否则就会过量进食。如果目标是减肥，其饮食中来自脂肪的热量应低于饮食摄入总热量的30%，最好是20%。高脂膳食无益于减体重的成功或保持形体，并且又会使身体摄入的热量转变为体脂。

（三）蛋白质

蛋白质的主要功能是构成及修复身体的组织和结构。蛋白质也参与激素、酶和其他调节性肽的合成。而且，如果身体里的卡路里和碳水化合物不足时，蛋白质还可用于提供能量。我们吃下的动物性蛋白或植物性蛋白的分子在体内分裂成氨基酸并被吸收。氨基酸是用来建筑细胞壁、肌肉组织、激素、酵素等的基本物质。血液运输着大量的蛋白质、能够凝结成块的纤维蛋白以及输送氧气的血红素。

健身训练能增加蛋白质——有氧训练能够增加酵素；力量训练能够增加收缩蛋白（肌动蛋白和肌凝蛋白）。所以，蛋白质对经常参加运动的人来说极其重要。

氨基酸可作为直接的能量来源。如果人体需要持续脑和神经系统活动，能量或碳水化合物摄入过低，人体就会用氨基酸（从食物中获取或体内蛋白质分解）来提供能量。首先，氨基酸脱氨基；其次，分离出的碳链用于合成葡萄糖和酮体以提供能量，脱去的氨基呈团形胺，是一种有毒的化合物，胺随血液送至肝脏并在肝脏中转变为尿素；最后，通过肾脏以尿的形式排泄。如果摄入的蛋白质超过机体的需求，那么通过饮食所摄入的蛋白质分解后所产生的氨基酸脱去氨基后的碳链碎片就会以脂肪的形式储存起来。

运动型饮食结构建议：建议每天以蛋白质形式吸收的热量应占总热量的15%。对于一个爱好运动的成年人来说，每日消耗的热量要有10%来源于蛋白质；对于耐力、力量型运动员每日从饮食中获得蛋白质量如表4-4-3所示。表4-4-4说明的是一般食物中的蛋白质含量。

表 4-4-3 蛋白质的需求量

不同人群	蛋白质占每日消耗量百分比	每日每公斤体重所需克数
爱好运动的人	10%	0.8~1.0g
耐力型运动员	15%	1.2~1.4g
力量型运动员	17%	1.4~1.8g

（肖春梅，丘君芳，梁小杰.健康运动指南.北京：北京体育大学出版社，2005.）

表 4-4-4 一般食物中的蛋白质含量

食物	量	蛋白质（g）
豆类	113.6g	6~8
牛肉	113.6g	20~28
奶酪	28.4g	7
鸡	14.2~85.2g	24~30
辣椒	227.2g	20

续表

食物	量	蛋白质（g）
玉米	113.6g	3
鱼	113.6g	25~30
汉堡包	113.6g	20
牛奶	227.2g	9
花生酱	42.6g	4
比萨饼	1片	10

（肖春梅，丘君芳，梁小杰.健康运动指南.北京：北京体育大学出版社，2005.）

（四）维生素

维生素和矿物质有时被称作微量元素。人体对它们的需要量非常少，但它们对人体的各种新陈代谢以及其他一些重要的生理功能却起着举足轻重的作用。维生素在一般情况下与酶素的结构有关，而酶素在细胞代谢过程中是极其重要的。酶素由大量的蛋白质和辅酶素组成，维生素参与活性成分辅酶素的形成，也就是说没有维生素就无法形成辅酶素，人体代谢过程就会停止工作，并且还会产生有毒的化合物。维生素缺乏或不足，就会发生维生素缺乏症。维生素根据其溶解性质，可分为水溶性和脂溶性两大类。

1. 水溶性维生素

水溶性维生素指可溶解于水的维生素。水溶性维生素包括维生素C（抗坏血栓）、维生素B_1（又称硫胺素）、维生素B_2（核黄素）、维生素B_6（磷酸吡哆醛）、维生素B_{12}（钴氨酸）、泛酸、叶酸、生物素等。

该类维生素有两个主要特点：

（1）不在体内储存，因而必须经常摄取。当体内的这些营养素已经充足时再过量补充，多余部分可通过尿液排出体外，一般不会中毒。

（2）此类维生素大多是构成人体多种酶系的主要辅基成分，参与人体的糖、蛋白质和脂肪等多种代谢。

2. 脂溶性维生素

脂溶性维生素指可以溶解于脂类的维生素，通常是与食物中的脂肪一起被吸收的。其特点是排泄慢，可在肝脏内储存，因此短期缺乏者采用一般的血液指标查不出来。脂溶性维生素 A、维生素 D、维生素 E、维生素 K 的功能大不相同。如表 4-4-5 所示。

表 4-4-5 维生素的作用和来源

营养物质	重要作用	来　源
水溶性维生素		
维生素 B_1	能量制造	猪肉、谷类、豆类
维生素 B_2	能量制造	牛奶、蛋、鱼、肉、绿叶菜
烟碱酸	能量制造	坚果、鱼、家禽、谷类
维生素 B_6	能量制造和蛋白质代谢	肉、绿叶菜、蔬菜、水果
叶酸	红、白细胞，RNA、DNA、氨基酸	肉、绿叶菜、蔬菜、水果、豆类、坚果
维生素 B_{12}	血细胞、RNA、DNA、能量制造	肉类、奶制品、蛋
蛋白毒素抗体	脂肪和氨基酸代谢、糖原合成	豆类、蔬菜、蛋
维生素 C	伤口愈合、结缔组织、抗氧化、免疫功能	柑橘、蔬菜
脂溶性维生素		
维生素 A	视力、免疫功能	奶制品
β-胡萝卜素	细胞增长、抗氧化	蔬菜、水果
维生素 D	骨骼、牙齿	阳光、鱼、奶制品、蛋
维生素 E	抗氧化	植物油、坚果、绿叶菜
维生素 K	凝结血液	肉、绿叶菜、谷类、水果、奶制品

（肖春梅，丘君芳，梁小杰．健康运动指南．北京：北京体育大学出版社，2005.）

维生素所起的许多作用对于生命和健康都是至关重要的。近期研究表明有一些维生素对于使免疫系统发挥出最佳的作用十分重要。为了保证免疫系统的健康，平衡膳食应包括：

β-胡萝卜素——（胡萝卜、红薯）刺激正常的吞噬细胞和免疫系统的细胞来抵御传染病；

维生素 B_6——（土豆、坚果、菠萝）促进白细胞生长；

叶酸——（豌豆、鲑鱼、野莴苣）增强白细胞活动能力；

维生素 C——（柑橘、花椰菜、辣椒）提高免疫反应；

维生素 E——（所有谷物、麦芽、植物油）刺激免疫反应。

练习者在长时间进行大量高强度运动、控制体重、减肥等情况下应加强维生素营养状况的检测，并在医生指导下适量补充维生素。

（五）矿物质

人体所需的矿物质微量元素包括铁、锌、铜、锰、铬、碘、硒、氟等。矿物质对酵素、细胞活动、激素、骨骼、肌肉、神经活动、酸碱平衡都有十分重要的作用。许多食物都含有矿物质，但矿物质主要还是集中在动物组织和动物性产品中（如表 4-4-6 所示）。其中比较容易发生营养问题的是铁和锌。

表 4-4-6 矿物质的作用和来源

矿物质	重要作用	来 源
钙	骨骼、牙齿、凝结血液、肌肉收缩	奶制品、豆科植物、蔬菜
氯化物	消化、细胞外体液	食物中的盐
铬	能量制造	豆科植物、谷类、肉类、植物油
铜	铁代谢	肉类、水
氟	骨骼、牙齿	茶叶、海产品、水
镁	甲状腺激素	鱼、奶制品、蔬菜、碘盐
磷	骨骼、牙齿、酸碱平衡	奶制品、肉类、鱼、家禽、谷类
钾	神经传导、体液和酸碱平衡	绿叶菜、香蕉、肉类、奶制品、土豆、咖啡
硒	抗氧化	海产品、肉类、谷类
钠	神经功能、体液和酸碱平衡	盐
硫	肝脏功能	食物蛋白
锌	酵素活性	奶制品、肉类、鱼、家禽、谷类、水果、蔬菜
铁	运输氧	肉类、蛋类、蔬菜和谷类

（肖春梅，丘君芳，梁小杰.健康运动指南.北京：北京体育大学出版社，2005.）

1. 铁

铁是血红蛋白、肌红蛋白以及多种酶的组成成分，它在机体内最突出的功能是运输氧，是人体必需的一种元素。铁对于经常运动的人来说尤其重要。大量的铁储存在参与制造血红素的血液中，血红素是红细胞中的一种化合物，它能够将肺中的氧带到工作的肌肉中。在肌红蛋白中，铁还被用来运输和储存氧，在重要的氧化酶素中铁也是必不可少的。

铁缺乏的最常见后果是贫血，铁缺乏最明显的功能性损害表现为血红蛋白降低。铁缺乏还会引起免疫机能减退及某些免疫物质减少。

运动中有大量的铁经汗液丢失，这使得经常运动的人的铁丢失又高于一般人。运动量过大还会降低铁的吸收率，使食物所供应的铁得不到充分的利用。

女性由于月经失血、控制体重的人由于食物中铁摄入不足，易发生铁的缺乏，均为缺铁的易感人群。

除瘦肉以外，大枣、葡萄干、豆类、李子干和杏等食物都含大量的铁。如果你想了解自身的铁的水平，最好咨询医生和营养专家，在决定依靠药物来补铁之前要对体内铁的状况进行检查。因为体内铁的水平太高，有可能引发心脏病。在没有发生贫血的情况下，没有必要服用单一的、大剂量的铁补充剂。通常情况下，主要应从膳食中补充。相关建议如下：

（1）荤素搭配、平衡膳食，有利于食物中矿物质的利用与吸收；

（2）多食用富含维生素 C 的食物，如柑橘、青椒、菜花、生的新鲜蔬菜和水果，可以促进铁的吸收；

（3）大量运动后不宜立即进食，应当休息，以待胃肠道的血流得到充分恢复，也不宜在吃饭时喝茶，否则，这些因素都会影响铁的吸收；

（4）对缺铁的人来说应注意多吃一些瘦肉、动物肝脏、动物血制品等，以补充优质铁；

（5）女性运动锻炼的最佳运动强度应当控制在有氧运动的范围内，同时加强钙的摄入，可以防止骨质的流失。

2. 钙

钙是骨骼和牙齿的主要成分。钙也参与肌肉收缩、神经传导、血液凝结以及酶素活动。对于爱好运动的人来说钙尤为重要，因为钙的摄入量与骨质疏松症关系密切。骨骼是抵抗压力的组织，钙的摄入和负重训练能使骨骼强壮，同时可降低由于年龄增长所造成的骨密度降低的速度。

年轻女性如果进行多项高强度的训练，再加上体重的减轻、钙摄入不足、压力大等因素，她们正常的月经周期可能会受到影响。这些变化会减弱雌性激素对骨骼的保护作用，从而引起骨密度降低和疲劳性骨折。减少训练强度、适当增加体重、增加钙的摄入量能够防止骨质流失。所以年轻女性在进行身体锻炼时，要控制好运动强度，最好在有氧运动范围内，同时注意加强钙的摄入，这样才能防止骨质流失。

3. 锌

锌是许多重要代谢酶的成分之一，是植物、动物乃至人类都必需的元素之一。相当一部分锌储存在人体的骨骼中。锌的主要作用是辅助酶参与体内的生理过程。人体缺锌时会味觉迟缓、人体生长缓慢、皮肤改变、免疫机能异常。动物性食物中含有丰富的锌，如肉类、肝脏、蛋类和海产品。植物性食物的锌主要包含于谷类中，但谷类所含的锌不易被人体吸收。饮用水中也含有一定量的锌，但比例很小。大量运动后可以补充一定量的含锌复合营养剂；在无医嘱的情况下，每日所服用的锌补充剂不宜超过15mg。药物补充是无法替代食物的营养补给的，若锌摄入不足需补充也应以平衡膳食为主。

（六）水

水是生命之源。成年人体中约60%为水。当营养不足时，如常量营养素、维生素、矿物质缺乏时人可存活几周甚至几年，而没有水人仅能存活几天。

摄入充足水分将会产生以下方面功效：

（1）增强内分泌功能；

（2）减少体内液体潴留；

（3）增强肝功能，提高能量供应中脂肪的利用率；

（4）减少饮食；

（5）增强新陈代谢功能；

（6）全身分配营养物质；

（7）增强体温调节；

（8）维持血容量。

脱水对人体的影响：

（1）减少血容量；

（2）运动能力下降；

（3）血压下降；

（4）出汗少；

（5）中心体温升高；

（6）心率增加；

（7）皮肤血流量减少；

（8）易疲劳；

（9）肌糖原利用增加。

不经常运动的人每天大约需要 2.5 升的水来补充因尿液、粪便、皮肤以及肺的呼吸作用所失去的水分。但在炎热的环境中运动时，人体的排汗量可能会在连续数小时内达到平均每小时流失 1 升水，甚至会超过每小时 2 升。如果不及时补充流失的水分，就会造成脱水的生理反应，严重者会引起痉挛、心力衰竭甚至危及生命的中暑现象。饮水相关建议如下：

（1）减肥者应当比常人多喝水，每天至少饮 8~12 杯水而不应用减少水分的摄入来减轻体重；

（2）如果因为锻炼出汗而减轻体重，应尽快把失去的水分补充回来，恢复失去的体重。

三、健身运动结合营养控制是减肥妙方

人民生活水平的提高带来饮食结构的变化导致越来越多的人因肥胖而得了多种病症，给生活和工作带来许多不便。我们说的肥胖是指超出标准体重的实际体重。其原因主要是人体过剩的营养物由于运动不足而转化为脂肪存在于人体内。

为了身材苗条而减肥，人们一般采用通过运动来消耗人体能量或调整营养结构的办法。从影视明星减肥和保持优美身段的经验中得以证明：运动锻炼结合营养控制的减肥效果最佳。美国电视明星艾琳葛深信："体育运动才是保持身段的唯一妙方。"她坚持每天按时跑步、做操。美国另一位女星普莉西拉认为要使身体健美必须"少食多动"，吃任何东西都只吃半饱。这里说的少食多动即是把健身运动与控制饮食结合起来。

多食少动是减肥的大敌。肥胖绝大多数是因饮食过量、能量消耗减少导致脂肪堆积而造成的。在肥胖者中属能量代谢不平衡的占 67.5%；属饮食不当的占少数偏吃甜食、盐味过重的肥胖者占 3.2%；只有极少肥胖者是遗传因素造成的。毛泽东在听取了他的保健医生徐涛"肥胖多不是营养好造成的，而是运

动不足造成的"道理后，接受了医生的意见在晚年还克服生理惰性坚持步行锻炼，活到了 83 岁。我国著名思想家梁漱溟活了 90 多岁，他的长寿经验只有四个字"少食多动"。

科学研究还表明，多吃易使吸收的能量超过消耗导致体内能量聚积，形成脂肪堆积；过剩脂质，沉积于血管壁，引起血管硬化，造成动脉粥样硬化等心血管病；动脉粥样硬化可导致血管弹性降低，血液流动受阻，因而容易患高血压、心肌梗死等病。科学家在对古埃及木乃伊的解剖中发现，王公贵族的僵尸动脉硬化最为明显，而殉葬的奴隶僵尸的动脉硬化程度很轻，有的甚至没有。对减肥者来说，最重要的是增加健身运动，同时控制饮食。

控制饮食只是减肥的一个重要方面，日本健身运动处方创始人之一的铃木慎次郎教授的实验研究证明："矫正肥胖不仅要减少食量，还要每日进行中等强度的运动。"

有些人在减肥时只注重节食，这种减肥效果其实并不好。美国生理学家劳伦斯认为，每周减轻体重一磅简直等于自杀。他解释说："迅速减肥的节食处方，无异于把肉撕下来，是有害而无效的。"他提倡健康而有效的长期减肥方法：在可以接受的程度下增加运动，逐渐消耗多余热量。

目前社会上流行的饥饿减肥法更不可取，1971 年和 1978 年两次获奥斯卡最佳女演员奖的美国好莱坞影星简·方达在其自编的《简·方达健美术》（1981 年出版后一直畅销，被译成 20 多种文字出版）中就坚决反对节食减肥法、饥饿减肥法、自导呕吐法和药物减肥法。她叙述自己曾用这些减肥方法减肥而使身体虚弱，而且得了慢性糖尿病。后来，她坚持锻炼，用运动结合控制饮食的方法减肥，效果一鸣惊人。

饥饿减肥法会使脂肪减少，体内蛋白质亏损，维生素和矿物质不足。长期采用饥饿减肥法会使机体的抵抗力下降，激素分泌紊乱，甚至可能会引起精神压抑和饮食行为紊乱。

科学证明，减肥的最佳方法是健身运动结合饮食控制。在运动结合饮食调节减肥时要注意以下几点。

（一）了解各种食物所含热量

只有了解各种食物的含热量，才能有计划地选择食物，合理控制热量摄收。在选配食物热量时可参照表 4-4-7。

表 4-4-7 各种食物所含热量（千卡/100g）

食物名称	热量（千卡）	食物名称	热量（千卡）	食物名称	热量（千卡）
谷类		干豆类		豆制品类	
灿米	350	黄豆	411	黄豆芽	92
粳米	347	绿豆	332	绿豆芽	30
糯米	347	赤豆	319	南豆腐	41
小麦粉	352	蚕豆	316	北豆腐	70
高粱米	361	咸菜类		面筋	95
玉米面	363	腌雪里蕻	21	豆腐干	172
鲜豆类		泡青菜	18		
毛豆	134	榨菜	54	鲜果类	
豌豆	80	咸萝卜干	106	橘	53
蚕豆	90	腌大头菜	101	橙	39
四季豆	31			苹果	62
叶菜类		乳品类		梨	40
大白菜	19	人乳	65	桃	32
油菜	25	羊乳	71	李	40
卷心菜	24	豆代乳粉	447	柿	48
菠菜	18	水产类		枣	103
莴苣笋	11	黄鱼	78	荔枝	64
莴苣叶	25	带鱼	139	枇杷	29
韭菜	30	青鱼	125	香蕉	90
芹菜	20	草鱼	110	甘蔗	53
空心菜	28	鲢鱼	118	根茎类	
苋菜	34	鲤鱼	115	红薯地瓜	172
瓜及茄类		鳜鱼	106	土豆	78
西红柿	13	墨鱼	64	白萝卜	26
茄子	22	黄鳝	83	芋头	78

续表

食物名称	热量（千卡）	食物名称	热量（千卡）	食物名称	热量（千卡）
辣椒	24	海鳗	94	胡萝卜	34
南瓜	29	河虾	75		
丝瓜	27	河蟹	82		
冬瓜	10	田螺	70	家畜类	
黄瓜	13	蛋类		肥猪肉	829
西瓜	21	鸡蛋	166	瘦猪肉	330
苦瓜	17	鸭蛋	186	腊肉	267
干果及硬果类		松花蛋	182		
干红枣	309	家禽类		猪肾	105
柿饼	291	鸡	104	猪肝	128
葡萄干	293	鸡肝	111	肥牛肉	267
桂圆	282	鸭	134	瘦牛肉	143
花生米	546	鸭肝	138	肥瘦牛肉	270
炒南瓜子	519	鹅	144	牛肝	135
炒葵花子	628	油脂及调味品		牛肾	86
干核桃仁	669	猪油	591	肥瘦羊肉	367
食用菌及藻类		植物油	900	羊肝	155
鲜蘑菇	25	白糖	397		
黑木耳	304	酱油	76		
		醋	22		

（傅立功，陈琦，杨贵林.健身运动处方.北京：华夏出版社，1993.）

（二）根据预定消耗热量确定健身运动处方

每人每日从食物中获取的热能一般不超过1200卡路里。据测1磅（0.4536kg）脂肪可产生3500卡热能。如按每周减少1磅左右的脂肪摄入量来制订减肥计划的话，必须每周至少从食物中减少500卡热量。减肥者一般每天从食物中减少吸收200卡热量，同时要通过健身运动去消耗200~300卡热量。

这样长期坚持下来，既不痛苦，效果又好。

每天从食物中减少 200 卡热量的吸收是比较容易控制的，可以参考表 4-4-7 所列常用食物含热量的多少，来选择饮食方案。

运动消耗热能的方式是：强度越大，热能消耗得越多；强度虽然一样，运动时间不同，消耗的热能也不同。运动的强度和时间可用热能表示；反过来，减肥者可通过运动中耗热量的多少来选择运动强度和时间。

例如，体重为 80kg 的人要想通过运动耗掉 200 卡，他只要打 17 分钟乒乓球或参加篮球运动 10 分钟即可办到。计算方法很简单，查表 4-4-8 可知乒乓球与篮球运动的耗热量分别是：0.1490 和 0.2588 卡 / 千克体重 / 分。

$200 - 0.1490 \times 80 \times t_1$，$200 0.2588 \times 80 \times t_2$ 得出 t_1、t_2 分别约 17 分钟和 10 分钟。

表 4-4-8 各种活动的能量消耗

内容	卡 / 千克体重 / 分	内容	卡 / 千克体重 / 分
站立	0.0157	广播操	0.0766
穿脱衣服	0.0452	短跑	0.1105
洗脸刷牙	0.0292	长跑	0.1384
洗澡	0.0305	乒乓球	0.1490
洗衣服	0.0507	篮球运动	0.2588
铺床	0.0507	排球运动	0.2015
扫地	0.0507	蝶泳	1.0110
提水	0.0780	滑旱冰	0.1525
做饭	0.1015	太极拳（简化）	0.1002
织毛衣	0.0276	少林拳	0.2497
谈话	0.0398	跳绳 115 次 / 分	0.2833
吃饭	0.0327	引体向上 12 次	0.6501
步行	0.0673	羽毛球	0.136
散步	0.0407	步行 100 步 / 分	0.1331
骑自行车	0.1472	足球（比赛）	0.1419

（傅立功，陈琦，杨贵林．健身运动处方．北京：华夏出版社，1993．）

日本专门研究出以各种速度跑（或步行）10分钟时按体重计算所消耗的热量，没有条件用球类、体操、举重等项运动减肥的人，可采用一定时间的跑或步行来达到减肥目的。表4-4-9中列出了各种跑和步行的速度及10分钟时每千克体重的耗热量。

表4-4-9 各种速度跑（或步行）10分钟消耗的热量

跑或步行速度	每千克体重在1分钟内消耗热量	跑（或步行）10分钟按体重计算所消耗的热量（卡路里）						
米/分钟	卡/千克/分钟	40（千克）	50（千克）	60（千克）	70（千克）	80（千克）	90（千克）	100（千克）
60	0.018	31	39	47	55	62	70	78
80	0.097	39	49	58	68	78	87	97
100	0.115	46	58	69	81	92	104	107
120	0.134	54	67	80	94	107	121	134
140	0.153	61	77	92	107	122	138	153
160	0.171	68	86	103	120	137	154	171
180	0.190	76	95	114	133	152	171	190
200	0.209	84	105	125	146	167	188	209
220	0.227	91	114	136	159	182	204	227
240	0.246	98	123	148	172	197	221	246
260	0.265	106	133	159	186	212	237	265
280	0.283	113	142	170	198	226	255	283
300	0.302	121	151	191	211	242	272	302

（傅立功，陈琦，杨贵林.健身运动处方.北京：华夏出版社，1993.）

（三）合理营养

我国膳食的热量主要来自粮食，因此减少热量吸收最主要是减主食。膳食中的蛋白质也多来自粮食，所以减主食时应及时补充含有丰富蛋白质的食物。

注意多吃不易致胖的食品。这种食品大致分为三类：

（1）奶和奶制品；

（2）瘦肉、鱼和蛋；

（3）蔬菜和水果。

经常食用这三类食品能保证机体的各种营养成分的需要，同时能控制体重。

合理营养总的要求是：每天所摄入的能量要与消耗的能量大体相抵，要使每天所摄入的有限食物中尽可能含有丰富的营养素。具体要求：

（1）脂肪及含量应占能量摄取的 25%~35%，其中一部分应是不饱和脂肪酸；

（2）饮食中糖的含量要低；

（3）蔬菜、水果、浆果、鱼、瘦肉和各类食物的消耗量应相当高；

（4）每天吸收总热量不超过 1000 卡路里；

（5）每天食用食盐在 100mg 以下；

（6）少食多餐，一日三餐可改为四至六餐。

（四）适当节食

在保证人体必需的营养前提下适当节制饮食，但不要饿肚子；尤其要避免过度节食。

四、运动饮食的热门话题

（一）健身运动越多食欲越大吗？

体力活动减少，食欲不一定随之降低。事实上常常与之相反，越是活动少越想吃东西。养牛的人懂得这个道理，因而经常把牲口关在栏里减少它的活动，使它多吃草来增肥。实验证明让动物随意吃东西，其中每日活动 40~50 分钟的动物比那些不活动的要吃得少些。不运动的牛体内脂肪迅速堆积，肌肉组织变得松软。

不少人养尊处优、大吃大喝，而四体不勤、很少劳动。这种状态似乎很令人羡慕，可是对他们的身体而言却潜伏着祸患，饱食终日而又缺乏运动只会让人一天天痴肥，导致心脏和血管的病态。

（二）时断时续的减肥运动是否有效果？

按运动处方减肥，如果一曝十寒，就很难收到实际效果。减肥运动者常以为只要跑若干公里就可以使自己减肥，其实四五十分钟的跑步虽然会减轻两三斤体重，但这种情况失去的大部分是水分，只要喝上几杯水或咖啡很快又补充上了。

减肥者跑 1 次可能消耗 200 卡的热量，但如果跑步之后又终日坐着不动，也不控制饮食，那么不但不会减轻体重，反而会增肥。

（三）是否可以吃营养品和补品来代替一日三餐？

补品令一些人错误地以为可以不必吃什么饭了，补品对大多数成年健康人是不需要的。维持身体健康所需要的 50 种养分，是不可能从补品中全部得到的。这 50 种养分只能从每日的饮食中得到。

人们需要的是营养上的平衡即生命需要与饮食之间的平衡，在营养素的摄取上走极端对健身运动会起副作用。喝大量果汁、只吃蔬菜或肉类，都会造成营养不平衡，所有的维生素和矿物质吃多了都可以产生毒化作用，不要轻信种种关于营养方面似是而非的说法。

（四）在控制热量方面，食物与运动哪个更重要？

现代社会的人们在不缺乏营养的前提下，想要控制热量，应当是运动比进食更重要。对肥胖型或瘦型的人来说，少吃食物和多吃食物，对人体机能的正常运转都有消极作用。以健身运动为主结合饮食的控制，对减肥和增肥都是最佳方法。

（五）哪些运动消耗热量最多？

热量消耗由人体活动量的大小和活动距离的远近来决定。借此就可以判断任何一种运动消耗热量的大小。如一个体重 75kg 的人双手抓住单杠做一次引体向上（相当于把 75kg 重物向上推 55cm 左右然后放下来），这个动作虽然十分累人，但它消耗的热量并不比相同体重的人跑上一步多。因为跑步是利用身体各部分运动而形成肌肉的，引体向上则不是这样。只有那些有助于血液循环的运动才是消耗热量快而又不感到疲劳的运动。

（六）为什么说跑步是达到健身的好办法？

跑步可以增强心肺、血液循环系统的功能。心血管系统的健康是身体健康的最好标志。

但跑步不是促进心血管系统健康的唯一办法，任何使全身活动的项目（如骑健身自行车、使用划动器械等）都可以使心血管系统活动加快。所以，任何健身运动处方都必须包括一些持续性的全身运动，每隔一日进行一次，这是健身的基础。

（七）运动前和运动时要不要吃东西？

大多数人运动前不吃食物感到更舒适，但适当吃点也无妨（运动前最好喝杯水）。一般运动前不要吃油腻的东西。

运动时如感到渴可以喝水。运动时补充点体液是必要的，不会造成肥胖，但不要暴饮。

（八）经常锻炼者是否要多摄入一点蛋白质？

蛋白质的关键作用不在于提供能量，而是提供人体必需的化学物质。一般来说，我们吃的大部分蛋白质来源于含动物脂肪很高的牛、羊、猪肉和乳制品。对蛋白质的需求并不因人体运动而增加。一个经常运动的人并不比同体质坐办公室的人需要更多的蛋白质。但如果要锻炼肌肉，那就需要多摄入一些蛋白质。

（九）锻炼时要不要穿运动服来保暖？

运动锻炼将消耗体能并产生热量，但是这种热量只有在运动前感到冷时才有价值。过热则是另一种无效负担。锻炼时要按季节气候情况穿衣，以身体感觉舒适为宜，不要穿过多的衣服运动。

（十）用周末空闲时间锻炼身体能否达到效果？

效果并不好。一星期都坐在办公室没有运动，身体已适应这种状况，突然用许多时间锻炼恐怕比不运动更差,还可能影响目前的健康水平。

(十一)人体每天对各种营养成分的需要量?

糖、脂肪和蛋白质的每日产热量的比例为4:9:4。剧烈运动消耗热能多时,如果主要靠谷类来获得热量则饮食量会很大,使肠胃负担过重。在预防或治疗肥胖症时,吃糖比吃脂肪更加利于节制。实验表明糖类吸收最好占总热量的40%以下。

脂肪的需要量一般可占吸收总热量的20%~25%,进行剧烈活动时可占30%。要注意多吃植物性脂肪(但椰子油可使血清胆固醇含量增加),少吃动物性脂肪(鱼和鸡的脂肪并不使胆固醇含量增加),以防出现动脉硬化。

蛋白质的摄取量为大约每公斤体重摄入2g即可。

每公斤体重需要0.8~0.9mg 维生素C,维生素B_1、维生素B_2和维生素P_p的需要量按消耗1 000卡热量时所需能量来计算。每消耗1 000卡热量需要0.4mg 维生素B_1、0.53mg 维生素B_2和6.6mg 维生素P_p。矿物质必需量:钙为0.6mg,铁为10~12mg,磷为0.9g。

模块五 常见的运动损伤及其防范

> **学习目标**
> 1. 了解造成运动损伤的原因;
> 2. 学会常见运动损伤的处理方法。

运动损伤是指在运动过程中所发生的各种受伤事故。形体训练的目的是增强体质、健身美体,然而在锻炼过程中不重视预防工作可能就会发生运动损伤。运动损伤不仅会影响练习者参加正常的锻炼,甚至还会影响日常的生活和学习。那么造成运动损伤的原因是什么呢?

一、造成运动损伤的原因

（1）不重视练习前的热身活动和练习后的放松活动；
（2）运动量过大，造成身体疲劳；
（3）着装、鞋子不合适；
（4）技术动作不正确；
（5）练习场地与运动器材不适；
（6）缺少必需的营养供应。

二、常见的运动损伤及处理方法

（一）擦伤

锻炼时因皮肤受挫而开裂、出血或组织液渗出。如果是小面积擦伤，可用红药水涂抹伤口，不必包扎。若大面积擦伤，则应先用生理盐水洗净后再涂抹红药水，覆盖消毒布，最后用纱布包扎。如发现撕裂，则应及时到医院进行缝合。

（二）挫伤

挫伤是因练习者相互碰撞或撞击器械所致。一般性挫伤，在伤处会出现红肿、皮下出血和疼痛。如果是内脏器官受到损伤则会出现头晕、脸色苍白、出虚汗等症状，重症者还会因内脏出血而引起休克。处理轻伤者须在24小时内先冷敷患处、抬高伤肢，必要时加压包扎。待过24小时后，可进行热敷、按摩。若是内脏受到损伤应及时送医院治疗。

（三）拉伤

拉伤是指在外力的直接或间接作用下使肌肉过度地主动收缩或被动拉长时造成的损伤。受伤后伤处疼痛、局部肿胀、压痛、肌肉功能减弱或丧失。

（1）前期处理：一般进行局部冷敷、加压包扎并抬高伤肢，待过了24小时后拆除包扎，视伤情处理。

（2）中期处理：改善伤部的血流和淋巴循环，促进组织的新陈代谢，使瘀血与渗出液迅速吸收，加速再生的修复。可采用热疗、按摩、拔罐、药物、早期功能锻炼等。

（3）后期处理：增强和恢复肌肉关节功能。如有瘢痕、硬结和粘连，应使用按摩理疗和功能锻炼，适当使用药物，设法使之软化松懈。

（四）肌肉痉挛

肌肉痉挛又称抽筋，是一种强直性肌肉收缩不能缓解放松的现象。抽筋常发生在腿部的腓肠肌、屈拇肌和屈趾肌；常因冬季训练前的准备活动不充分或穿衣单薄，小腿肌肉受到寒冷的刺激，肌肉不适应剧烈运动所致。在训练中腿若抽筋首先要注意保暖，对痉挛的肌肉用力量加以牵引。坐在地上用抽筋的同侧手扶住抽筋腿的膝盖，另一手扳住小腿下部用力向上搬，拉长抽筋肌肉；也可以用按摩的办法，用手使劲按摩、推、揉、搓抽筋部位或用热毛巾、热水袋敷都可以解除痉挛。

（五）关节韧带损伤

在形体训练中，以肩关节、踝关节、髌骨、腰部关节的韧带损伤最为常见。在高低不平的场地上运动、运动前的准备活动不足等都会使踝关节易发生内翻而造成外侧副韧带的扭伤、断裂甚至骨折。因徒手练习中臂或腿摆幅过大而造成的肩关节和腰部受伤，或是因技术上的错误造成的手腕或腿部关节致伤，一般表现为压痛或疼痛，急性期有肿胀和皮下瘀血、关节功能发生障碍等。关节韧带损伤后，在24小时内先冷敷患处，抬高伤肢，必要时加压包扎，过了24小时后可采用理疗、按摩和针灸等方法治疗。待疼痛减轻后，可增加功能性练习。对急性腰部扭伤，如果出现剧烈疼痛时，则不可轻易扶动，应让患者平卧，并用担架送医院诊治。处理后应卧硬板床，在腰下面垫一枕头使腰部肌肉韧带处于放松状态，这样会对治疗有明显的效果。

（六）关节脱位

因受外力作用使关节失去正常的连接关系叫关节脱位，又称脱臼。关节脱位可分完全性脱位和错位两种。脱位后常出现关节畸形、剧烈疼痛、明显的压痛、关节周围明显肿胀，同时关节功能丧失，有时还会发生肌肉痉挛，严重时会出现休克。出现关节脱位后，先用夹板或三角巾固定伤肢，并尽快送医院治疗。如没有整复技术和经验，切不可随意做复位动作，以免加重伤情。

（七）骨折

身体某部位受到直接或间接的外界力量的撞击时可造成骨折。常见的骨折有肱骨骨折、尺桡骨骨折、手指骨折、小腿骨折、肋骨骨折等。骨折后患处会出现肿胀、疼痛难受、肢体失去正常功能的症状，肌肉可能产生痉挛，骨折部位可见到畸形，严重时还伴有出血和神经损伤，甚至发烧及突发休克等现象。骨折后切勿随意移动肢体，需先用夹板或其他代用品固定伤肢。若出现休克，应先进行人工呼吸；若伴有伤口出血，应同时止血并及时护送至医院治疗。

三、运动损伤的防范

在训练过程中由于气温、场地条件、运动量等原因而导致运动损伤的发生是难免的，但如何才能使受伤的概率降到最低限度呢？

（一）选择适合自己的练习方法

每个人的身体状况都各有不同，人的身体都是脆弱而易受伤的，然而男性的力量较强而女性的柔韧性较好，因而男女受伤的类型往往大相径庭。练习者要根据自身身体状况选择适合自己的训练方法和强度才是减少受伤概率的根本。

（二）及时注意自己的身体反应

肌肉隐约出现的痛感便是有关身体状况的警告标志。要及时对身体进行检查以免身体出现受伤。

（三）及时调整自己的锻炼计划

练习者经过一周的锻炼后训练水平仍未有所提高，就应该停止训练并重新安排训练方案。对于身体特殊部位的训练可以采取轮流训练的方法。

（四）保证自己的身体得到充分的休息

在训练的间歇期应当使自己的身体得到充分的休息。肌肉始终处在紧张的工作状态中，就会因过度疲劳而受伤。训练量越大肌肉恢复的时间也就越长。

（五）避免过度疲劳

当身体感到十分疲劳时千万不要勉强进行训练以免使自己受伤。过度疲劳往往是由于训练过度引起的。肌肉、肌腱或关节出现了疼痛和肿胀的感觉便是疲劳的先兆。四肢无力、肌肉不由自主地出现抖动现象、肌肉麻木、肌肉发烫等都是过度疲劳的征兆。过度疲劳往往会导致失眠、咳嗽、感冒及其他一些病症。

运动后应注意的事项：

（1）锻炼后不要急于进食。一般运动后间隔30分钟再进食，如果是较剧烈的运动间隔的时间还要长一些。

（2）锻炼后应及时补水。在运动中或运动后即刻科学补水，原则是少量多次。

（3）剧烈运动后切勿立即坐下休息，应当做一些放松运动，如慢走等。

（4）运动后可以采用积极性恢复手段使紧张的肌肉充分伸展、放松，改善肌肉组织的血液循环，以缓解肌肉酸痛，使肌肉疲劳尽快恢复。如压腿、展体等被动性牵拉活动。

（5）出现肌肉疼痛后不要停止锻炼，应继续坚持锻炼，这样有助于尽快消除肌肉疼痛。运动的强度可以减小，时间可以缩短，多做一些伸展性的练习，坚持几天疼痛就会消失。

第五单元
体能训练篇

单元导读

体能是空乘人员职业的特殊需求。本单元模块一阐述了什么是前庭耐力、前庭器官的构造、前庭耐力训练方法、前庭耐力训练应遵循的原则四个方面提出了前庭耐力的训练方法。模块二通过有氧耐力训练方法、有氧耐力的测试与评价两个方面提供了有氧耐力的训练的方法。旨在引导学生有效提升体能素质。进一步磨炼学生的意志品质，培养坚韧不拔的精神。

模块一　前庭耐力训练

学习目标

1. 了解前庭器官的构造；
2. 学会增强前庭耐力的方法。

一、什么是前庭耐力

前庭耐力是指空乘人员在飞行中对连续颠簸、摇晃等运动的耐受能力。前庭耐力与人的平衡机能的稳定性有着直接关系，前庭耐力差的人在飞行中容易出现头晕、头疼、恶心、呕吐、面色苍白等"晕机"症状而影响工作任务的完成。晕机主要是前庭分析器受到过强的刺激，超过了它的耐受限度而引起的。

二、前庭器官的构造

人体空间定向机能系统（即能感知人体在空间的体位变化和维持人体平衡的系统）是由多种分析器协同作用的结果，它包括视觉分析器、前庭分析器、本体感受器、听觉分析器和触觉分析器等。其中前庭分析器起着重要的作用。

前庭分析器的外围部分位于内耳，由三半规管、前庭（椭圆囊和球状囊）和耳蜗共同组成。由于内耳管道曲折复杂，状如迷宫，所以叫迷路。如图5-1-1 和图 5-1-2 所示。

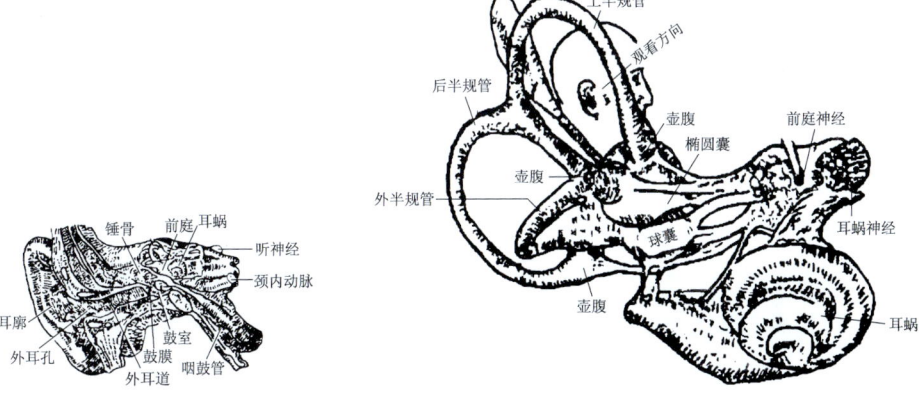

图 5-1-1 前庭分析器位置图　　　　图 5-1-2 前庭分析器结构图

三半规管由三个半月形的弯曲小膜管组成，位于内耳迷路的后上方。各小管的位置互相垂直，分别叫前半规管、后半规管和外半规管，管内充满液体称为内淋巴液。如图 5-1-3 所示。三个半规管都开口于椭圆囊内；每个半规管有一个膨大体称壶腹，壶腹内有一个小的隆起叫壶腹脊；壶腹脊是一个感觉装置，主要感受旋转变速运动的刺激。如图 5-1-4 所示。

前庭发生的神经冲动与支配眼肌的神经相联系，可以反射性地引起眼肌有规律地收缩，产生眼震；与支配颈部、四肢和躯干部位的运动神经相联系，可以反射地引起四肢躯干肌张力正常关系失调，上体向旋转一方倾倒，不能沿直线行走，定向能力下降或遭到破坏；与自主神经相联系，会产生一系列自主神经反应，如头晕、恶心、呕吐、出冷汗、面色苍白、脉搏血压改变等。

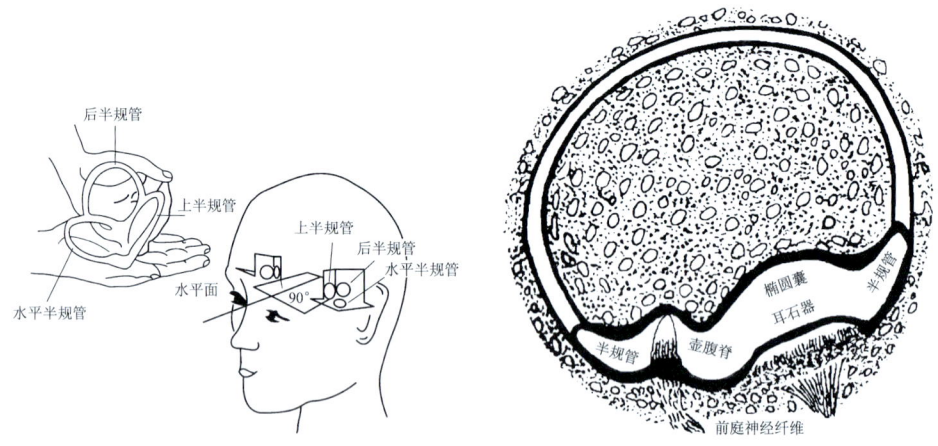

图 5-1-3 三个半规管位置图　　　　　　图 5-1-4 壶腹脊位置图

飞机的起落、加速是引起空晕病（亦称晕机病）和产生空间定向错觉的直接原因。体弱、疲劳过度、大脑皮层功能不良对前庭器官的控制能力也会减弱，长期停飞造成的适应性减退、胃肠功能不良、心血管功能障碍、缺氧等都能使前庭功能反应增高，容易产生晕机症状。

晕机症能通过一些有效措施来加以预防。通过采取药物防治和反复的飞行训练可以提高空乘人员的前庭耐力。但药物（如内服镇静剂）带来的副作用是显而易见的，并且效果是暂时性的。空乘人员通过飞行实践逐渐提高前庭耐力从理论上讲是可行的，但不宜作为提高空乘人员前庭耐力的专门方法。实践证明，通过系统的、特定的地面体育训练才是提高空乘人员前庭耐力最有效的方法。

三、前庭耐力训练方法

（一）主动锻炼法

1. 转头操

"对称地面平衡操"是一种简便易行，不受时间、场地、条件限制的锻炼方法。依次可做左、右摇头（a），左、右摆头（b），前俯后仰（c），向左旋转360度（d）和向右旋转360度等动作。头动频率可掌握每秒1~2次，每种动作50秒。每做25秒休息5秒，5分钟做一遍。早晚各做一次，每次做两遍。坚持3~6天就会有成效。练习过程中的头动频率和练习时间可因人而异、循序渐进。如图5-1-5所示。

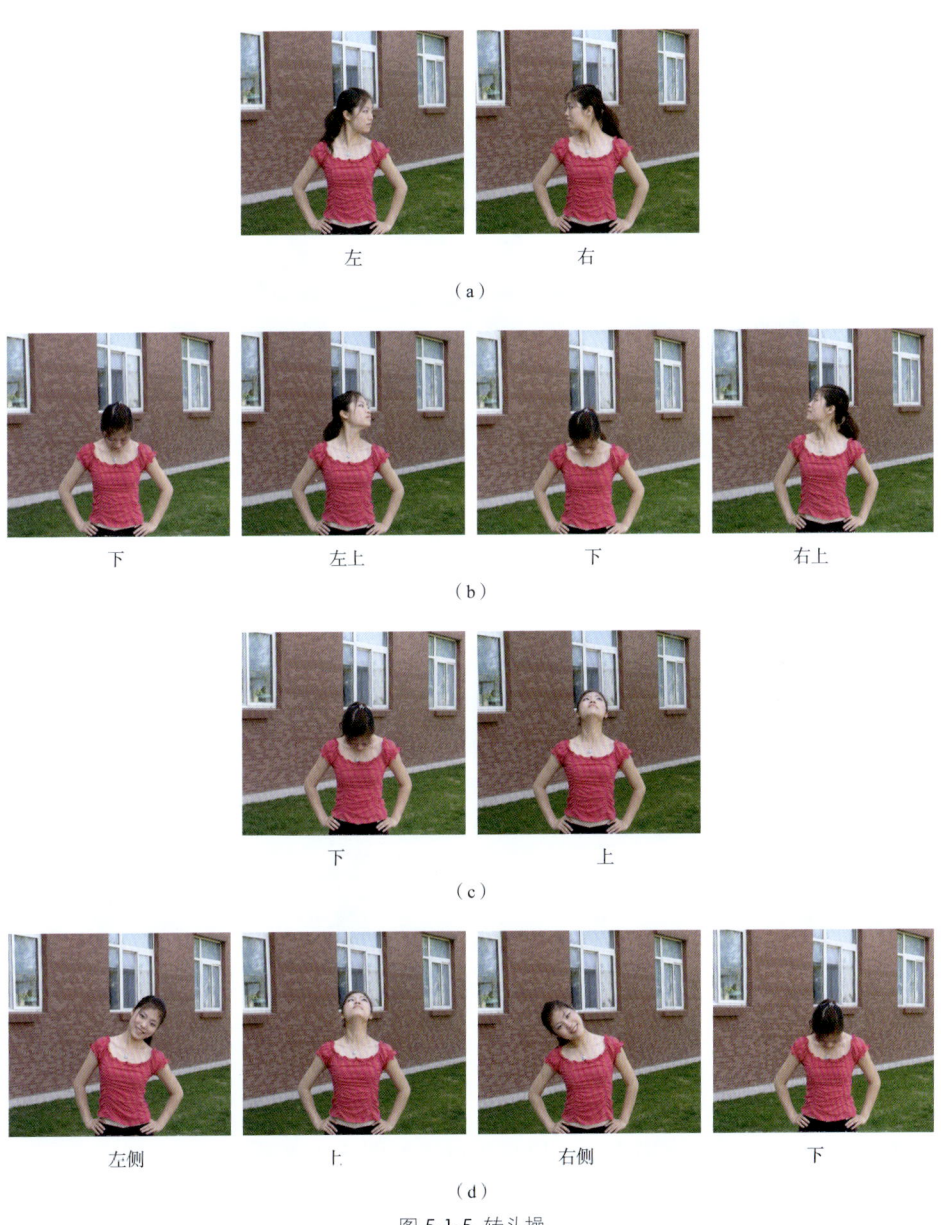

图5-1-5 转头操

2. 地转

练习者可成体操队形，一臂间隔，或在田径场内练习，一排一排单独进行训练。练习者右手抱左臂的肩关节处，两腿并齐站立、屈体，左臂垂直，食指指向地面做原地 360 度连续旋转，按照教练的口令或要求进行练习。要结合课程的进展逐步提高质量，左右臂结合练习。如图 5-1-6 所示。

图 5-1-6 地转

3. 仰转

"仰转"与"地转"动作要求基本相似，将头部上仰进行左、右旋转练习，一般以秒、分钟为单位进行练习，一般不超过 1 分 30 秒。如图 5-1-7 所示。

图 5-1-7 仰转

4. 立转

做"立转"练习时两臂平行展开，双腿平行站，两眼平视前方，做向左、向右旋转练习。逐步增加难度，提高质量。如图 5-1-8 所示。

图 5-1-8 立转

5. 对转

两人相对站立，相互握对方的双手，身体略后仰。做向左或向右原地旋转。如图 5-1-9 所示。

图 5-1-9 对转

6. 前滚翻

蹲撑开始，低头含胸，双脚斜后方蹬地，同时双手撑地，身体团起，膝关节靠近胸部，身体呈球形，头、肩、背、腰、臀、脚依次着地向前滚动。如图 5-1-10 所示。

图 5-1-10 前滚翻

7. 后滚翻

蹲撑开始,低头含胸,双脚斜前方蹬地,身体团起,膝关节靠近胸部,身体呈球形,臀、腰、背、肩、头依次着地向后滚动,当肩部着地时双手撑地,身体还原成蹲姿。如图 5-1-11 所示。

图 5-1-11 后滚翻

(二)被动锻炼法

用各种加速旋转的器械使人体接受被动的旋转训练。如做固定滚轮的旋转训练时,被动捆住由另一人带动旋转。考虑到视觉对晕机的影响,在做训练时应睁眼与闭眼相结合,交替进行。被动锻炼的旋转速度、练习时间可以随意控制,便于掌握运动量,效果明显。

四、前庭耐力训练应遵循的原则

（一）全面发展，突出重点

人体各器官的循环系统是在中枢神经系统调节下的有机统一体，有机体的各个组成部分都是相互联系、相互影响的。只有加强身体素质的全面训练，在身体协调平衡发展的基础上才能更好地增强前庭耐力锻炼的效果。

（二）贵在坚持

前庭耐力锻炼积累 50 个小时即可见到成效。但下降和消退也比较快，一般停止锻炼 5~7 天就会出现消退现象。经过系统锻炼最多可以保持 4 个月。所以要持之以恒，养成良好的锻炼习惯。

（三）循序渐进

前庭分析器对旋转和摆荡刺激有一个逐步适应与提高的过程。前庭耐力锻炼必须遵循由小到大、由易到难的原则，练习的次数、时间、强度应逐渐增加，不能操之过急。每次锻炼要有头晕和全身发热的感觉，但不要达到恶心的程度。一般应根据每人能耐受刺激量的一半作为开始刺激量，防止刺激量过大而造成前庭器官永久性损伤。

（四）练习方法要灵活

经常变换练习方法可提高前庭耐力锻炼的效果。旋转练习时应睁眼与闭眼交替进行，快速与慢速交替进行。锻炼应根据每个空乘人员的身体素质情况因人而异，有所侧重，科学灵活地掌握训练方法。

五、前庭耐力的测试与评价

测试方法（一）：抗眩晕操测试

测试场地：地板、草地或地面平整、质地较软的场地。画一条 10m 长的白线。

测试方法：受测者严格按照动作规范和节奏要求，在规定的时间内依次连续完成双腿连续纵跳、坐撑左右侧屈、圆背前后滚、仰卧左右侧滚、左右侧后滚、抱膝螺旋滚。完成后立即站起并在无任何帮助的条件下，沿直线行走 10m。测试员测量以受测者左右脚印的最外侧缘为准，测量其两脚印的左右最大偏离度不超过 1m。

评价标准：

0 度：能顺利直行 10m，无不良反应；

1 度：能行走 10m，但不能完全沿直线行进，有轻微头晕、恶心、颜面苍白、微汗等；

2 度：不能沿白线直行 10m，有明显的头晕、恶心、呕吐、颜面苍白、大汗淋漓、肢体震颤、精神萎靡或不能坚持完测试者；

只有 0 度为合格，1 度与 2 度均为不合格。

测试方法（二）：电动转椅测试

测试器材：使用空军招飞电动转椅。

测试方法：受检者坐在转椅上头直立靠在头托上。以 2 秒一圈（180 度/秒）的角速度向左匀速旋转，旋转中闭目，随节拍器连续左右摆头（60 度），1 次 /2 秒，共转 45 圈，90 秒。根据转椅测试后 30 分钟后出现的前庭自主神经反应分为 4 度。

评价标准：

0 度：无不良反应；

1 度：有轻微头晕、恶心、颜面苍白、微汗等；

2 度：有头晕、恶心、发热、颜面苍白、额部可见微细的冷汗珠、打战、呕吐等反应；

3度：有明显头晕、头痛、恶心、呕吐、颜面苍白、大量冷汗、肢体震颤和精神抑郁等反应；

2度或3度反应者为前庭自主神经反应敏感。

模块二　有氧耐力训练

> **学习目标**
> 1. 懂得有氧耐力训练的机理；
> 2. 学会增强有氧耐力的方法。

一、有氧耐力训练方法

（一）有氧健身操

1. 项目介绍

有氧健身操是一项深受广大群众喜爱的健身运动，它主要采用各种体操和舞蹈动作配合节奏明快的音乐创编而成，练习者在不断变化的音乐节奏下变换练习的动作，通过不断增强兴奋度锻炼身体的协调性、灵活性，同时减缓练习者的疲劳与紧张。另外，节奏性运动对于呼吸、循环系统都有良好作用，能有效提高有氧工作能力。

2. 运动目的

（1）有氧健身操可以全面、均衡地活动全身各部位的关节、肌肉，增强机体的供氧功能，防止肌肉、骨骼的废用型退化。

（2）练习者在音乐伴奏下配合全身的肌肉活动来调理情绪、舒展精神，促进心理健康。

（3）练习有氧健身操可以健美形体，锻炼心血管机能，提高有氧能力，增强体质。

（4）练习有氧健身操可以增强身体的协调性、平衡性，防止神经功能减退。

示范视频 17

有氧耐力训练 有氧操

3. 运动的形式与方法

有氧操

（1）　　1~4 拍　　　　　5~8 拍　　　　（2）　　1~8 拍　　　　（3）　　1~4 拍

右脚支撑身体，左脚尖后点地，双臂侧平举，同时手臂带动身体向左转一周。　　左脚向前一步，右腿向后平伸，保持身体平衡，双臂侧平举，身体和右腿呈水平，微抬头。　　左腿向前画叉，呈竖劈腿，双手放身体两侧，目视正前方。　　右腿向前上步，左腿伸直下压，双手夹紧身体两侧，身体前倾。

　　5~8 拍　　　　　（4）　　1 拍　　　　　2 拍　　　　　　3 拍

左脚并于右脚，身体转向正前方，双臂夹紧身体两侧。　　右腿屈膝，右手五指并拢，右臂胸前上屈，左臂胸前平屈。　　同 1 拍，做反方向动作。　　双腿并拢，双臂于胸前平屈，双手下垂。

图 5-2-1 有氧操

4拍

双腿分开半蹲,双臂放于体两侧。

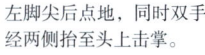

5拍

左脚尖后点地,同时双手经两侧抬至头上击掌。

6~8拍

左脚尖后点地,双手五指张开,放在耳朵两侧,双臂体侧弯曲。

(5) 1拍

左腿向后抬起45度,双手手臂前伸,手指呈花掌。

2拍

左腿前弓步,双臂胸前交叉,双手握拳。

3拍

右腿前弓步,双臂侧平举,双手握拳。

4拍

右腿前弓步,双臂斜前举,双手呈花掌。

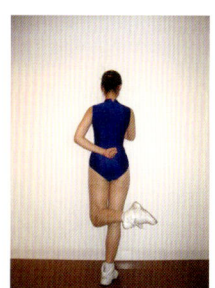

5拍

左腿后吸,右臂胸前弯曲,左臂腰后弯曲,双手握拳。

6拍

右脚尖后点地,左臂体侧下伸,右臂头上举,双手握拳。

7~8拍

右腿侧踢起90度,左臂头上举,右臂向体右侧下摆,双手握拳。

(6) 1拍

右腿前弓步,同时身体转向右侧,面向正前方,双臂头前弯曲,五指张开,掌心朝前。

2拍

身体面向正前方,自然站立。

图 5-2-1 有氧操(续)

3拍	4拍	5拍	6拍
右腿后抬起45度，同时身体转向左斜方，双臂前伸，五指张开，目视正前方。	右腿向左斜前弓步，同时身体转向左斜方，双手前举，手呈花掌。	身体面向正前方，左腿侧吸，右臂体右侧屈臂，右手扶头，左臂体前屈，手扶于左胯。	左腿前伸并抬高25度，双臂胸前弯曲，右臂在上，上下重叠。双手握拳，目视正前方。

7拍	8拍	（7）1拍	2拍
右腿向前踢起25度，左臂胸前弯曲，右臂侧平举，双手握拳，目视正前方。	右腿前屈向左踢起45度，右臂上抬弯曲，手呈花掌，左手扶于左胯，目视正前方。	双腿分开半蹲面向正前方。身体转向右侧，同时双手头前弯曲，五指张开，掌心向外。	面向正前方，右腿向右侧抬起25度，右臂夹紧体右侧，左臂侧平举，五指并拢，目视正前方。

3拍	4拍	5拍	6拍
左腿向左侧抬起25度，右臂胸前上屈，左臂胸前平屈，右手握拳，左手五指并拢，目视正前方。	同2拍动作，做反方向动作。	双脚开立，双手放于体两侧，目视正前方。	双脚开立，右膝弯曲，双手在左耳旁击掌。

图 5-2-1 有氧操（续）

第五单元　体能训练篇

7拍
双脚开立，左膝弯曲，左臂向上侧屈，右臂侧下举，双手握拳，头向右侧看。

8拍
双腿并拢，左臂弯曲上举，手心向外，五指并拢上伸，右臂侧平举。

（8）1~4拍
右腿前弓步，双臂体侧弯曲上举，五指张开。

5~8拍
右脚尖侧点地，右臂斜上举，左手扶胯，头向左下方看。

（9）1拍
左腿向后弯曲，双臂斜上举，手心内扣，手呈花掌。

2拍
右腿向后弯曲，双臂胸前平屈，双手握拳。

3拍
左腿向后弯曲，双臂侧平举，双手握拳。

4拍
双脚开立，双臂交叉于头顶（左手在前），五指并拢，掌心向前。

5拍
双脚开立，双膝弯曲，双手斜下摆，五指并拢，掌心向下。

6拍
双脚并拢，双臂交叉于头顶上（右手在前），五指并拢，手心向前。

7拍
双脚开立，双膝弯曲，双肩胸前平屈，上体向左侧弯曲，双手握拳相对，目视左下方。

8拍
双腿并拢，右臂斜上举，手心向下，左臂胸前斜屈，五指并拢，目视左下方。

图5-2-1 有氧操（续）

· 243 ·

（10）　　1拍　　　　　　　2拍　　　　　　　3拍　　　　　　　4拍

左腿向后弯曲，右臂侧平举，左臂胸前平屈，双手握拳。　　右腿向后弯曲，双臂斜上举，手心内扣，手呈花掌。　　左腿向后弯曲，双臂胸前平屈，双手握拳。　　右腿向后弯曲，双臂侧平举，双手握拳。

5~8拍动作同1~4拍，但方向相反。

（11）　　1拍　　　　　　　2拍　　　　　　　3拍　　　　　　　4拍

右腿侧吸，双臂头上举，五指并拢，掌心向前。　　右腿前弓步后身体转向右斜方，双臂斜前伸，五指并拢，掌心向下，目视正前方。　　左腿前吸，双臂侧屈，手指尖扶于两肩，目视右下方。　　左腿前伸抬起25度，右臂前伸，左臂侧平举，五指并拢，掌心向下。

　　5拍　　　　　　　6拍　　　　　　　7拍　　　　　　　8拍

左腿前吸，双臂胸前平屈，双手握拳，目视左下方。　　左腿前伸抬起25度，左臂侧平举，右臂前伸，双手握拳。　　右腿尖后点地，右臂胸前平屈，左臂前伸，双手握拳。　　双腿并拢，右臂侧平举，左臂前伸，双手握拳。

图5-2-1　有氧操（续）

第五单元 体能训练篇

（12） 1拍　　　　　　　2拍　　　　　　　3~4拍　　　　　　　5~6拍

双脚前后开立，身体转向左侧方，右臂胸前平屈，左臂胸前上屈，双手握拳，目视正前方。　　右脚尖前点地，右臂胸前平屈，左臂前举，五指并拢，掌心向下。　　身体转向后方，左腿侧吸，双臂侧平举。　　身体转向正前方，左腿侧吸，右手扶右肩，左臂侧屈，掌心向上。

7~8拍　　　　　　　（13） 1拍　　　　　　　2拍　　　　　　　3拍

双腿并拢，自然站立。　　左腿后抬起25度，双臂侧上举，双手呈花掌。　　左腿前吸，右臂左斜下伸，左臂胸下摆，五指并拢，双手立掌，目视正前方。　　右腿上吸，双臂胸前交叉，五指张开，掌心向内。

4拍　　　　　　　5拍　　　　　　　6拍　　　　　　　7拍

同3拍动作，做反方向动作。　　右脚尖后点地，右臂前举，左臂弯曲，扶后腰。　　右脚尖侧点地，右臂侧平举，左臂上举，双手呈花掌，掌心向上。　　身体面向正前方，右脚尖后点地，双臂上下重叠（左臂在上），双手握拳。

图 5-2-1 有氧操（续）

8拍	（14）1拍	2拍	3拍
右脚尖后点地，右臂前举呈花掌，左臂胸前平屈，五指并拢。	右腿向侧抬起25度，右臂下摆，左臂侧上举。双手并拢，掌心向下。	右腿左斜方抬起25度，右臂侧平举，左臂前下举，身体面向左斜方，五指并拢，掌心向下。	左腿向侧后方抬起25度，双臂胸前交叉，双手握拳。

4拍	5拍	6拍	7拍
左腿向右侧吸腿，右臂侧屈，左臂侧平举，双手握拳。	右脚尖后点地，双臂胸前交叉，双手握拳。	双腿开立，右臂侧下垂，右手贴大腿，左臂侧上举，五指并拢，掌心向下。	双腿开立，双膝弯曲，右臂紧贴身体右侧，左臂侧屈，五指并拢，掌心向外，头向右侧倾斜。

8拍	（15）1~4拍	5~6拍	7~8拍
双腿开立，双臂胸前平屈相抱。	右脚向后方上步，同时身体转体540度，双臂侧屈，五指张开，掌心向外。	身体转向右侧，左腿向上踢起，双臂侧平举，双手握拳。	同5~6拍动作，做右腿动作。

图 5-2-1 有氧操（续）

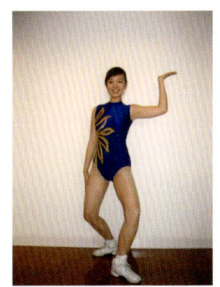   

（16）　1拍	2拍	3拍	4拍
左脚向前呈V字步，同时左臂侧屈抬起，五指并拢，掌心向上，右臂紧贴身体右侧。	双手侧屈抬起，五指并拢，掌心向上。	身体转向左侧，双脚前后开立（左脚在前），双臂前交叉，双手握拳，拳心向内。	双腿并拢，双臂体侧弯曲，双手握拳，拳心向上。

5拍	6拍	7拍	8拍
双脚前后开立（左脚在前），双臂前伸，双手握拳，拳心向下。	双腿前后开立，左脚尖后点地，双手弯曲握拳放于体侧。	同5拍动作。	右腿后吸，双臂胸前平举，双手握拳，拳心向下，目视正前方。

（17）　1拍	2拍	3拍	4拍
右腿前伸25度，双臂前下伸，双手握拳，拳心向下，目视正前方。	同第（16）第8拍动作，做反腿动作。	同1拍动作，做反腿动作。	身体转向正前方，双腿开立，双膝弯曲，双臂夹紧身体两侧，双手握拳，拳心向上。

图 5-2-1 有氧操（续）

   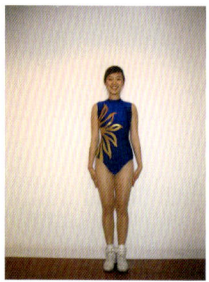

5拍	6拍	7拍	8拍
双腿开立，膝盖弯曲，左臂放于体侧，右臂向左前方下伸，双手握拳。	双腿开立，双膝弯曲，双臂体前举交叉，双手握拳，拳心向下。	双腿开立，半蹲，双手叉腰。	双腿并拢，自然站立。

   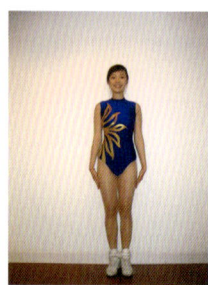

（18） 1拍	2拍	3拍	4拍
双腿开立，双臂上举，五指并拢，掌心向前。	左腿向右腿靠拢，同时膝半蹲，右臂侧平举，左臂胸前平屈，五指并拢。	同1拍动作。	双腿并拢，自然站立。

5拍	6拍	7拍	8拍
同1拍动作。	同2拍动作，做反方向动作。	同1拍动作。	双腿开立，右腿弯曲弓步，向左侧顶胯，双手头顶上方击掌。

图 5-2-1 有氧操（续）

第五单元　体能训练篇

(19)　1拍
身体转向左侧，双腿前后开立（右腿在前），右臂前举，左臂上举，双手张开，掌心向内。

2拍
左腿后吸，右臂前举，左臂上举，双手张开，掌心向内，目视正前方。

3拍
身体转向正前方，左脚侧点地，双臂侧平举，五指并拢，掌心向下。

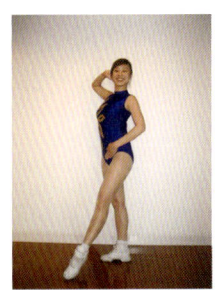
4拍
左脚尖向右侧方点地，右手扶头部，左手扶胯。

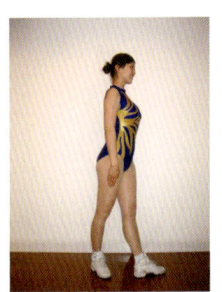
5拍
左脚带动身体向左转180度，双臂夹紧身体两侧。

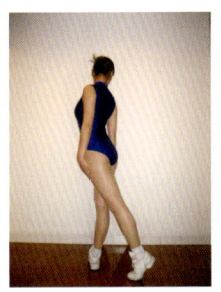
6拍
右脚向后方上步，左脚点地，双臂夹紧身体两侧。

7拍
身体转向正前方，左脚前上步，双臂胸前侧击掌。

8拍
双腿并拢，双臂动作同前不变。

(20)　1~2拍
左脚尖向侧点地，双臂胸前平屈重叠（左臂在上），五指并拢，掌心向下。

3~4拍
右脚后点地，右臂向上举，左臂前举，五指并拢，掌心向下。

5~6拍
同1~2拍动作，做反方向动作。

7~8拍
双脚开立，双臂胸前平屈相抱。

图 5-2-1　有氧操（续）

· 249 ·

	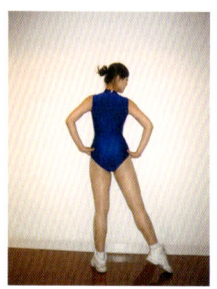		
（21） 1拍	2拍	3拍	4拍
身体转向左侧，双腿前后开立（左腿在前），双手叉腰，目视正前方。	向左转25度，右脚后吸，双手叉腰。	向左转25度，右腿尖侧点地，双手叉腰。	同2拍动作。
		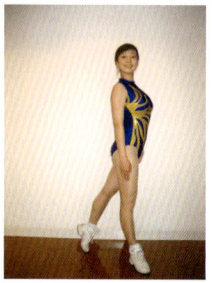	
5拍	6拍	7拍	8拍
右腿前弓步，右臂侧下伸，左臂胸前平屈。	右腿上步，左脚后点地，右臂侧平举，左臂胸前平屈。	双腿前后开立（右腿在前），双臂放于身体两侧。	双腿并拢，自然站立。

（22） 1拍	2拍	3拍	4拍
左脚向左侧上步，右腿抬起25度，右臂前举，左臂侧平举。	右腿向左转25度弓步上步，双臂放于身体两侧，五指并拢，掌心向内。	左脚前弓步，右臂前下举，五指并拢。	同1拍动作，做反方向动作。

图 5-2-1 有氧操（续）

第五单元　体能训练篇

5拍	6拍	7拍	8拍
左脚向左转25度上步，右腿后吸，双手胸前击掌。	右脚上步，左腿后吸，双手胸前击掌。	左腿前弓步，双手胸前击掌。	双腿并拢，双手胸前击掌。

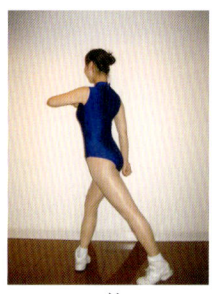

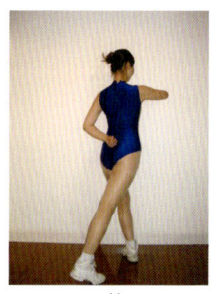

（23）　1拍　　　　　　2拍　　　　　　3拍　　　　　　4拍

左脚向前上一步，双臂前后摆动（右臂在前）。	右脚向后上一步，双臂前后摆动（左臂在前）。	同1拍动作，做反方向动作。	同2拍动作，做反方向动作。

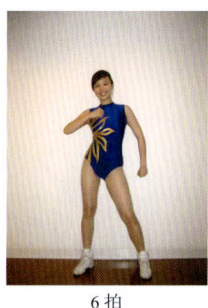

5拍	6拍	7拍	8拍
左腿侧弓步，右脚尖点地，左臂胸前平屈，右臂背于身后。	双腿开立，屈左腿，右臂向前弯曲摆动。	左脚侧上步，左脚尖侧点地，右臂侧下伸，左臂侧上举，身体向右侧下腰。	双腿并拢，自然站立。

图 5-2-1　有氧操（续）

(24) 1~4拍

5拍

6拍

7拍

双脚小碎步向后退，双臂夹紧身体两侧，含胸低头。

双腿开立，向左侧顶胯，双臂胸前上屈，双手握拳。

双腿开立，向右侧顶胯，双臂侧平举，五指并拢，掌心向下。

双腿开立半蹲，双臂胸前平屈，双手握拳，上体向左侧弯曲。

8拍

(25) 1拍

2拍

3拍

右腿侧弓步，右臂上举，左臂前举，双手呈花掌。

左腿前吸，右臂胸前平屈，左臂侧平举，五指并拢。

左腿前弓步，双臂上举，五指并拢。

同1拍动作，做反方向动作。

4拍

5拍

6拍

7拍

右腿后吸，右臂侧屈，左臂叉腰，双手握拳。

右腿后吸，双臂侧平举，双手握拳。

左腿弓步，右臂侧上举，左臂叉腰，双手握拳。

右脚尖侧点地，右臂侧上举，左臂叉腰，双手握拳。

图 5-2-1 有氧操（续）

第五单元　体能训练篇

8拍
双腿并拢，自然站立。

（26）　1拍
左脚向左斜方上步，右臂前举，左臂扶左胯，双手握拳。

2拍
右腿前吸，左臂前举，右臂扶右胯，双手握拳。

3拍
左腿向左斜方弓步，右臂前举，左臂扶左胯，双手握拳。

4拍
左腿屈膝，左脚尖点地，右手扶右胯，左臂前举，双手握拳。

5~6拍
左腿屈膝，左脚尖点地，右臂下伸，左臂上举，双手握拳。

7~8拍
同5~6拍动作，做反方向动作。

（27）　1拍
左腿弓步，双臂前举，双手握拳。

2拍
双腿并拢，双手放体侧，自然站立。

3拍
同1拍动作，做反方向动作。

4拍
右腿后吸，双臂胸前上屈，双手握拳，拳心向内。

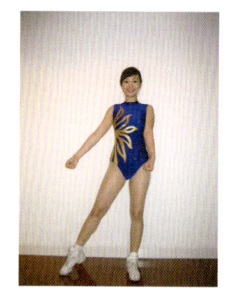
5拍
右脚尖侧点地，双臂前下举，双手握拳。

图5-2-1　有氧操（续）

· 253 ·

 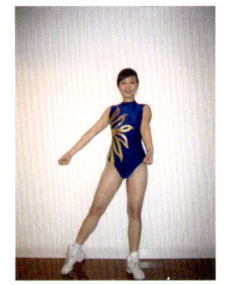 

6 拍	7 拍	8 拍
同 4 拍动作。	同 5 拍动作。	双腿并拢，回站立姿势。

图 5-2-1 有氧操（续）

运动强度、时间、频度：练习者应根据自身的体质和承受能力控制和安排锻炼的速度、力度、重复次数、组数、间歇时间等。初练者每次锻炼后，应以冬天有少量出汗，略有疲劳感、心率为 130~150 次 / 分钟为宜，总的练习时间不超过 40 分钟。有了一定锻炼基础后，可以适当增加运动负荷。随着锻炼水平的提高和体质的增强，负荷强度和负荷量可适当增加，但心率最高不要超过 150 次 / 分钟。每周练习 3~5 次。8 周健身运动处方见表 5-2-1 所示。

表 5-2-1 8 周健身运动处方

星　期	时间（分钟）	最高心率（次 / 分钟）	每周次数（次）
1	15	110~120	3
2	21	110~120	3
3	21	120~130	3
4	27	120~130	3
5	27	130~140	3
6	36	130~140	3
7	36	140~150	3
8	40	140~150	3

（吕红斌，王嘉芙，胡建中 . 科学健身方法 . 北京：人民卫生出版社，2000.）

注意事项：

（1）每一节都可以分开或重复练习，也可以自由组合，持续时间应在 15~40 分钟。

（2）锻炼前做好准备活动，使关节、韧带和肌肉活动开，防止损伤。锻炼后要做整理运动，使身体逐渐转入安静状态。

（3）锻炼应选择空气新鲜的场所。

（4）慢性病患者应在医生的指导下进行练习。

（二）游泳

1. 项目介绍

游泳是在阳光、空气、水三者良好结合的自然环境中进行的运动。

游泳时身体在水中呈漂移状态，为了维持身体的平衡，全身肌肉都参加工作。由于在水中没有固定的支撑点，所以动作柔和，肌肉收缩也比较缓慢，能够长时间地发挥肌肉的力量，一般不会受伤，比较适合成年人的生理特点；而且，人在水中全身承受水的压力，这对于体重较大、行动不便的人来说，没有在陆地上锻炼时支撑体重的负担，是一项很好的运动。

游泳对全身皮肤、肌肉是一个刺激，可以增强体温调节能力和对环境的适应能力。水对于人体的压力，每下潜 1 米，就增加 0.1 个大气压，能促使呼吸加强、加深。

游泳的水环境对人体的呼吸、皮肤、肌肉等的刺激以及身体呈水平运动的姿势等都有利于血液回心，能促进心血管系统机能的改善；同时，流体静水压力能促进静脉外周血管收缩，能改善下肢静脉血管功能的不足。水对人体的力学作用与水的密度大于空气的密度有关，在快速运动时为了克服水的阻力，就要求身体增加做功，因而对心血管系统功能的改善有明显效果。由于锻炼者心血管调节能力提高，对寒冷刺激能迅速产生适应性反应，增强了机体对环境的适应能力。所以，游泳是一项很好的适合成年人的健身运动。

2. 运动目的

（1）提高人体体温调节能力，增强抗寒、耐热等身体适应环境变化的能力；

（2）提高心血管系统的功能，增进全身的耐力；

（3）改善呼吸系统机能，提高机体免疫力；

（4）消除多余脂肪，促进形体匀称健美。

3. 游泳的练习方法

游泳运动分竞技游泳（蝶泳、仰泳、蛙泳、爬泳）和实用性游泳（爬泳、蛙泳、潜泳、踩水）。练习游泳的姿势很多，对成年人来讲，最好学习蛙泳。据实验表明，人体在练习蛙泳时身体姿势比较平稳，水的支撑面积大，练习起来运动省力、呼吸方便、视野宽、易持久练习，适用于长时间、远距离游泳。

（1）熟悉水性

熟悉水性是学习游泳的重要环节，它对于初学者来说是一个不可逾越的重要阶段。熟悉水性的目的是使初学者了解和体验水的特性，克服怕水的心理，掌握水感，如浮力感、阻力感、压力感等；习惯游泳时身体姿势的改变，培养对游泳的兴趣；掌握一些水中活动的基本技能，即水中的移动、呼吸、浮体和滑行；逐步适应水的环境，为进一步学习和掌握各种泳姿技术打好基础。

（2）水中移动

身体侧对池壁，手扶池边向前、向后迈步行走；也可以面向池壁，手扶池边向左、向右迈步行走。手扶池壁或5~6人手握手向前、后、左、右走动。与同伴手拉手成圆圈地走、跑或互相推水、戏水。

（3）练习呼吸

①手扶池槽或手握同伴的手做深呼吸后闭气，然后慢慢下蹲把头部全部浸入水中，停留片刻，鼻、嘴在水中慢慢吐气，直到吐完，然后起立，在水面上吸气后再重复做几次。水中的呼吸要按照"快吸、稍闭、慢呼、猛吐"这一特殊的节律进行。

②同上练习。吸气后头浸入水中，稍闭气即在水中用嘴和鼻同时吐气时抬头，在嘴将出水面时用力把气吐完，随即用嘴迅速吸气后将头部又立即浸入水中。如此反复练习，做到吸、闭、吐气有节奏地进行。如图5-2-2所示。

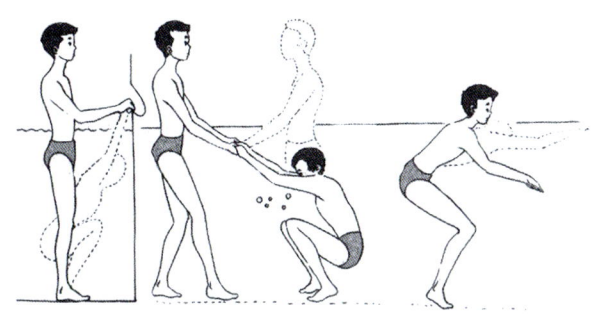

图 5-2-2 游泳呼吸练习

（4）浮体与站立

①抱膝浮体站立练习

原地站立深吸气后下蹲，低头抱膝，双膝尽量靠近胸部，前脚掌蹬离池底呈抱膝低头姿势，自然漂浮于水中。站立时两臂前伸向下压水并抬头，同时两腿伸直，脚触池底站立，两臂自然放于体两侧。如图 5-2-3 所示。

②展体浮体练习

吸足气后身体前倒入水，闭气、抱膝、团身低头。等背部浮出水面后伸直臂和腿，呈俯卧姿势漂浮于水中。站立时收腹、收腿同时两臂向下压水。抬头时两腿伸直，两脚触池底站立。如图 5-2-3 所示。

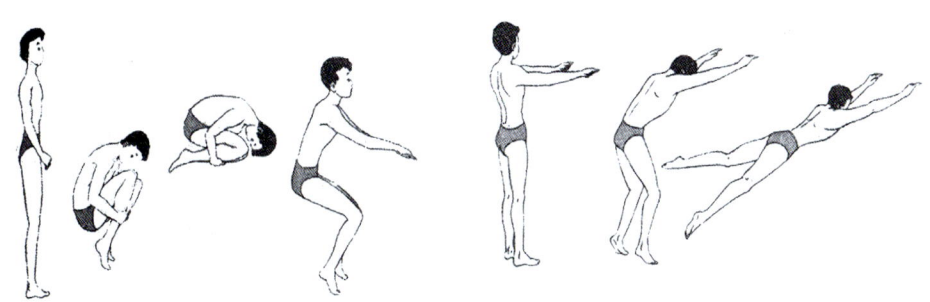

抱膝浮体站立练习　　　　　　　　展体浮体练习

图 5-2-3 浮体与站立练习

（5）滑行练习

蹬池底滑行练习：两脚前后开立，两臂前上举。深吸气后上体前倒并屈膝，当头、肩浸入水中时前脚掌用力蹬池底，随后两脚并拢，使身体成流线型向前滑行。如图 5-2-4 所示。

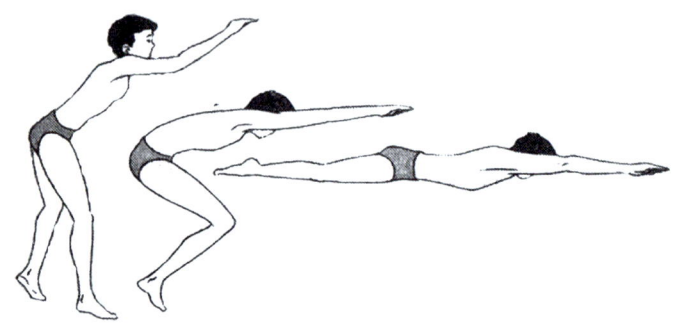

图 5-2-4 滑行练习

4. 蛙泳技术

（1）蛙泳的换气动作

①水中憋气

手扶池边、同伴或教练的手蹲下，使头没入水中练习憋气，若干时间后站起，进而不需保护自行练习。憋气时间越长越好。若头部感到不适，即应立刻终止练习。

②水中吐气

手扶池壁或同伴的手蹲下，将头没入水中，徐徐地以口或鼻吐气，一段时间后缓缓站起。在水中吐气时间越长越好。注意：不可断断续续地间歇吐气，容易呛着。

③韵律呼吸

韵律呼吸就是"有规律、有节奏地呼吸"。基本上与前面的水中吐气极相似。

在水中用口或鼻吐气，出水面时嘴角"啪"的一声再用口吸气，除了注意节奏，还可以配合双手压水的动作来进行。

（2）蛙泳转身动作技术（以左转身为例，简介其动作技术）

①触壁

在最后一次蹬腿结束时不减速地游近池壁，两臂前伸，在正前方高于身体重心的地方，右手在上、左手在下，两手相距 15 厘米左右，手指朝左斜上方触壁。

②转身

触壁后，全手掌压池壁，随着惯性屈肘、屈膝团身，同时身体沿纵轴向左侧转动，并抬头吸气，左手离开池壁在水中随着身体向左侧转动并逐渐向左前伸。当身体转至侧对池壁时，向前进方向甩头并低头入水。右臂推离池壁，从空中摆臂，同时提臀使两脚触壁，两手前伸，两腿弯曲准备蹬壁。

③蹬壁

两脚掌贴在水面下约40厘米处，两臂向前伸直，头夹在两臂之间，然后用力蹬离池壁。

④滑行和一次潜泳动作

蹬壁后，身体呈流线型滑行；当速度减慢至正常游泳速度时，两手开始长划臂至大腿两侧稍停。滑行速度稍慢时，开始收腿；两手贴近腹、胸、颏下前伸；当两臂伸直夹头时，蹬腿滑行，双臂开始第二次划水时头露出水面。

（3）蛙泳臂部动作

①开始动作

两臂绷紧自然地向前伸直，与水面平行，身体呈一直线。

②抓水

手臂前伸，肩关节略内旋，两手掌心略转向斜下方，稍勾手腕，两手分开向斜下方压水。

③划水

两臂分成40~45度角时手腕开始弯曲，双臂向侧、下、后方屈臂划水。

在划水中，屈臂的角度是不断变化的，一般优秀运动员在划水阶段都能屈臂成接近90度角，因为这个角度能很好地利用胸背部的大肌肉群，以发挥最大的力量。一般练习者划臂时，手臂划至两臂夹角约成120度角时，即应连续向里过渡做收手动作。划水和收手时，手的路线不应到肩的下后方，应在肩前下方。

为了充分利用一切前进力量来提高速度，在进入划水动作时，练习者应用力划水，以获得前进时的最大速度。因此，运动员在划水时身体位置会上升，是合理现象。

④收手

收手过程也能产生较大的前进力和上升力。收手过程将手臂向里、向上收到头前下方；臂与肘几乎同时以更快速度来划水，这时不应强调两肘向里夹的动作，因为这样会削弱划水力量，同时也应避免划水路线过大。

当手收至头前下方时，翻转双手掌心成向内、向上，这时大臂不应超过两肩延长线。在整个收手动作过程中，手的动作应快速地完成。收手结束时，肘关节低于手，大小臂成锐角。

⑤伸臂

伸臂动作是由伸直肘关节、肩关节来完成的。伸臂过程中掌心由朝上逐渐转向下翻转，同时手臂向前伸出。

快速伸臂动作是现代蛙泳技术的特点之一，它紧密配合腿的动作，因此在伸臂的同时，肩要向前，头也几乎同时向前有"压"的动作，注意向前伸臂动作中不能有停顿现象。

整个臂部动作的划动路线，无论是俯视或仰视都是椭圆形的。蛙泳的手臂划水动作是一个完整的动作，划水轨迹是依次由侧向下、后、内、前方向移动。划水力量由小逐渐加大，划水速度是由慢到快。

（4）身体在水中蛙泳滑行时需注意的方面

①掌握正确的呼吸方法

在进行蛙泳完整配合练习前，必须熟练掌握正确的呼吸方法，才能在短暂的时间内完成吸气过程。其方法是：呼气要由小到大，逐渐加大呼气量（口鼻同时呼气），口部一露出水面，立刻用力把气吐完，并用口快而深地吸气，呼与吸之间无停顿。

②掌握合理的腿部动作

蛙泳的腿部动作是推动身体前进的主要动力。由于两腿在蹬夹水并拢时腿有向下压的动作，此动作既能使身体上升又有利于滑行，能使身体在水中处于较合理的位置，因而可以直接影响到呼吸过程完成的好坏。需注意以下几点：

● 收腿时，脚踵向臀部靠拢；

● 收腿时，脚掌外翻，使小腿与水面呈垂直角度，以加大对水面积；

● 蹬夹水的速度要快，一定要蹬到位，即两腿、两脚靠拢。

③调整身体在水中的位置

利用两次至多次腿部动作结合一次手臂动作、一次呼吸的配合练习。主要是利用两次或多次腿部动作来解决蹬夹水后身体在水中位置偏低的问题，使初学者尽快掌握呼吸方法，而后再进行一次呼吸、一次手臂及一次腿部动作的正确配合练习。

④闭气滑行、吐尽吸满

在进行完整呼吸配合练习时，要求练习者闭气滑行，滑下时开始吐气，并逐渐加大呼气量。口部一露出水面，即刻用力把气吐完，并快而深地用口吸满气。练习中不强调用早吸气或是晚吸气的方法，而是强调"吐尽、吸满"。

注意事项：

（1）游泳场所的选择必须注意安全和卫生。水流湍急和水况不明的地方不宜游泳，以免发生危险。

（2）空腹或饭后1小时以内不宜游泳，以免给身体健康带来不良影响。

（3）剧烈运动或强体力劳动之后，不能立即下水游泳。

（4）下水前应做好充分的准备活动。

（5）出现抽筋现象不必慌张，应设法自救和向他人求救。手指抽筋应将抽筋的手握拳，然后用力张开。这样迅速地反复做几次，就会缓解。小腿或脚趾抽筋应先吸一口气仰浮于水上，用抽筋肢体对侧的手握住抽筋肢体的脚趾，并用力向身体方向拉。同时用同侧的手掌压在抽筋肢体的膝盖上，帮助抽筋腿伸直。大腿抽筋应仰浮于水面，弯曲抽筋的大腿，两手用力抱小腿，贴近大腿，反复振压以缓解抽筋。

（三）健身跑

2500年前的希腊埃拉多斯山崖上刻着："如果你想强壮，跑步吧！如果你想聪明，跑步吧！如果你想健美，跑步吧！"可见那时的人们就认识到跑步锻炼能使人身体健壮、形体健美、脑子聪明。

从生理学的角度讲，健身跑适合各种年龄和不同身体状况的人。健身跑可以调节人体的生理机能和各器官的协调功能，使心血管活动加强，促进全身血液循环，及时供给组织细胞能量和氧气，及时排出汗液和二氧化碳。健身跑还可使大脑获得充足的氧气供应，增强大脑对兴奋和抑制过程的调节能力，坚持健身跑不仅能使思维敏捷、手脚灵活，而且可以延年益寿、强身健体。从心理健康方面讲，健身跑还可以缓解抑郁症。

1. 运动目的

（1）锻炼心肺功能，提高有氧能力，增强体质；

（2）调节神经系统功能，尤其是调节植物性神经系统功能；

（3）促进新陈代谢，改善消化系统功能；

（4）促进脂肪代谢，控制体重，减肥健美；

（5）防治高血压、高血脂、动脉硬化等心血管疾病及其他与运动不足有关的疾病。

2. 练习形式与方法

健身跑的方法有很多，如走跑交替法、匀速跑、间歇跑、变速跑和重复跑等。开始进行健身跑时，最重要的是循序渐进、持之以恒。最好采用走跑交替和匀速跑的形式。

（1）走跑交替法

走跑交替法适合于体弱和缺乏锻炼的人。方法是先走100~200米，然后慢跑300~500米，重复数次。初次参加锻炼的人一般是走1分钟跑1分钟，交替进行，可根据个人的具体体质情况而定。经过一段时间锻炼之后，就可以缩短走的时间，直到慢跑5~8分钟。以后每隔1~2周逐渐增加跑步时间和距离，每周跑3~5次。如表5-2-2所示。

表5-2-2 走跑交替运动方案

周次	每周跑2~4次	总时间（分钟）
1	跑1分钟＋走1分钟，重复3次，再跑1分钟	7
2	跑1分钟＋走1分钟，重复5次	10
3	跑2分钟＋走1分钟，重复4次，再跑2分钟	14
4	跑3分钟＋走1分钟，重复4次	16
5	跑4分钟＋走1分钟，重复4次	20
6	跑5分钟＋走1分钟，重复3次，再跑2分钟	20
7	跑6分钟＋走1分钟，重复3次	21
8	跑8分钟＋走1分钟，重复2次，再跑2分钟	20

续表

周次	每周跑 2~4 次	总时间（分钟）
9	跑 10 分钟 + 走 1 分钟，重复 2 次	22
10	跑 20 分钟（要求不休息地连续跑）	20

（任宝莲，王德平. 走跑健身运动全书. 北京：北京体育大学出版社，1999.）

（2）匀速跑

匀速跑是在跑的过程中均匀地分配体力。对中年人来说这是比较适合的锻炼方式，跑的过程比较省力，心率也容易控制。匀速跑方法灵活多样（如定时间或定距离的匀速跑），可自行掌握。

（3）间歇跑

间歇跑是慢跑和行走交替的一种过渡性练习方式。一般从跑 30 秒行走 30~60 秒开始，逐渐增加跑步时间以提高心脏负荷。反复进行 10~20 次控制总时间在 12~30 分钟，以后每两周根据体力提高情况再逐渐增加负荷，可每日或隔日进行一次。表 5-2-3 为常用的间歇跑运动方案。

表 5-2-3 常用间歇跑运动方案

周次	慢跑（秒）	行走（秒）	重复次数	总时间（分钟）	总距离（米）
1	30	30	开始 8 次，以后每天加 1 次，至 12 次	8~12	500~800
2	60	30	开始 6 次，以后每天加 1 次，至 10 次	9~15	1200~2400
3	120	30	开始 6 次，以后每天加 1 次，至 10 次	15~25	2400~4000
4	240	60	开始 4 次，以后每天加 6 次	20~30	3200~4800

（国家体育总局，普通人群体育锻炼标准研制组. 普通人群体育锻炼标准锻炼手册. 北京：高等教育出版社，2003.）

（4）变速跑

变速跑是采用快跑和慢跑交替进行的跑步方式。变速跑的形式很多，如等距、不等距、不均匀的快跑和慢跑等。

对于身体健康且经常锻炼者，每次持续运动时间宜为 20~40 分钟。从未参加过运动锻炼或身体虚弱者，在锻炼初期每次运动时间可适当减少，待身体适应后再逐渐增加运动时间，直至达到要求的极限。

运动的频度可以根据个人对运动的反应和适应程度，采用每周 3 次或隔日 1 次为宜，每周运动总时间不低于 80 分钟。

锻炼时间因人而异。中青年人可以根据自己的生活习惯选择方便的时间，不过每次锻炼的时间应尽量相对固定。

注意事项：

（1）跑步前要做好充分的准备活动才能预先促进血液循环、加强肌肉的收缩功能，防止跑步时肌肉拉伤或因剧烈运动出现心肌缺血。长期在水泥地上跑步容易引起小腿胫骨损伤，应尽量选择在塑胶跑道、草坪或土地上跑。

（2）冬天跑步要注意防寒，跑热了应当及时脱去厚衣服。跑步时所穿衣服的多少要根据天气、个人的抗寒能力和跑步时的运动负荷来确定，以跑时不感到太冷又不大量出汗为原则。有风时，前半段应逆风跑，而回程顺风跑。夏天跑步应穿背心、裤衩，可减少出汗。如果出汗过多应多喝些淡盐水补充电解质的损耗以免肌肉抽筋。跑步后要注意做放松运动。

（3）感冒、发热、腹泻时不宜跑步，女性在月经期间也要暂停跑步锻炼。慢性病患者练习健身跑之前要经医生的检查许可，并做好自我检查和按时去医院复查。

（4）选择走跑交替进行健身锻炼时，随着训练程度以及健康水平的提高，可逐步缩短走的距离，而加长持续跑的距离，脉搏不要超过允许的指标范围。

二、有氧耐力的测试与评价

耐力是绝大多数体育运动项目的基本素质，它反映了人体在较长时间内保持一定负荷强度或动作质量的能力。我们选用了以下测试指标来测定锻炼者的耐力素质。

（一）9分钟跑

受试对象：男、女

动作规格：自然、适度的耐久跑

测试场地：可丈量的平整地面

测试方法：统一发令后，受试者开始跑步，至9分钟时，发出停止信号，测试员计算所跑距离并记录

测试单位：米/9分钟（精确到米）

测试器材：发令枪（或发令哨）、秒表、判断距离的标志物、号码布

专家点评：9分钟跑是一项衡量人体持续运动能力的有氧运动项目。注意，由于人体在较长时间的运动后大量血液会淤积在下肢，如果突然停止运动有可能诱发直立性低血压而导致头晕甚至晕厥，因此受试者在测试前可在原地做慢跑或踏步的准备活动。经常从事9分钟跑锻炼能够提高锻炼者对长时间工作的心理耐受能力、运动器官的持续工作能力，还可直接提高肺活量及增强心脏功能，全面改善健康状况。如表5-2-4所示。

表5-2-4 9分钟跑耐力素质测试指标

	年龄	1分	2分	3分	4分	5分
男	20~24	1200~1400	1401~1680	1681~1890	1891~2070	2071以上
	25~29	1150~1310	1311~1600	1601~1800	1801~2010	2011以上
	30~34	1100~1250	1250~1520	1521~1710	1711~1970	1971以上
	35~39	1040~1180	1181~1490	1491~1640	1641~1910	1911以上
女	20~24	850~1040	1040~1260	1261~1570	1570~1750	1751以上
	25~29	830~1020	1021~1230	1231~1510	1511~1710	1711以上
	30~34	810~990	991~1200	1201~1440	1441~1660	1661以上
	35~39	790~970	970~1 150	115~1 390	1391~1610	1611以上

（国家体育总局，普通人群体育锻炼标准研制组．普通人群体育锻炼标准锻炼手册．北京：高等教育出版社，2003．）

（二）5 分钟上下楼梯

受试对象：男、女

动作规格：一步一台阶地登楼梯，采用上几阶再下几阶的方式（9~14 阶的楼梯为宜）

测试场地：室内外的楼梯均可，楼梯不可太光滑，楼梯每阶高度为 14~15cm

测试方法：听到口令后受试者开始往返上、下楼梯，测试员记录 5 分钟内的数值（上下台阶的总数），测试员可中途报时，以便受试者控制运动负荷

测试单位：阶 /5 分钟

测试器材：秒表、发令哨

专家点评：5 分钟上下楼梯是一项衡量人体有氧代谢能力的运动项目。本项目的最大特点是对场地要求简单、锻炼效果明显。对于平时缺乏专门运动时间或场地的人群来说，登楼梯是一种简单易行的锻炼方法。一般情况下登楼梯健身非常安全，但由于登台阶时膝关节承受较大负荷，有各种关节损伤和疾病的人不宜采用。要注意掌握上下楼梯的节奏，特别是下楼梯时不可过快，以免跌倒受伤，最好选择视野开阔、阳光充足的室外楼梯。各种耐力素质指标证明，5 分钟上下楼梯对延缓下肢肌肉力量的下降更为有效。如表 5-2-5 所示。

表 5-2-5 5 分钟上下楼梯（阶）耐力素质测试指标

	年龄	1 分	2 分	3 分	4 分	5 分
男	20~24	460~585	586~825	821~1115	1116~1345	1346 以上
	25~29	450~570	571~800	801~1070	1071~1250	1250 以上
	30~34	440~555	556~770	771~1020	1021~1190	1191 以上
	35~39	430~535	536~730	731~990	991~1160	1161 以上
女	20~24	350~480	481~660	661~860	861~1070	1071 以上
	25~29	335~460	461~640	641~840	841~1035	1036 以上
	30~34	320~435	436~605	606~820	821~1 000	1001 以上
	35~39	300~415	416~570	571~805	806~975	976 以上

（国家体育总局，普通人群体育标准研制组．普通人群体育锻炼标准锻炼手册．北京：高等教育出版社，2003．）

（三）3分钟台阶测试

受试对象：男、女

测试规格：测试时，上下台阶先用右脚再用左脚，即"右上、左上、右下、左下"为一次登台阶动作；按节拍器的节奏来规定脚上下的顺序，每分钟做30次，即每2秒完成上、下四个节拍动作（即一次登台阶）

测试场地：室内室外均可

测试方法：在3分钟完成90次登台阶动作后，受试者即刻坐在长凳上安静地坐3分钟。在这一恢复期间，要按如下程序定时测出桡动脉的脉率：

（1）恢复1分钟后，测30秒脉搏

（2）恢复2分钟后，测30秒脉搏

（3）恢复3分钟后，最后一次测30秒脉搏。

记下三次脉搏数，填入表5-2-6的得分表，并加总数，然后从表5-2-7中查到相应的得分

测试单位：次/30秒

测试器材：一条长凳、重椅子或高50cm的平台、节拍器

表 5-2-6 得分表

姓名 _____	性别 _____	年龄 _____	日期 _____
测试1：	3分钟台阶试验		
定时记录	脉搏次数		
1~1.5分钟运动后	_____		
2~2.5分钟运动后	_____		
3~3.5分钟运动后	_____		
三次脉搏数之和	_____		
3分钟台阶试验评分百分制得分（由表5-2-7查得）：_____			

表 5-2-7 3分钟台阶试验得分表

男（年龄）17~25	男（年龄）26~50	得分	女（年龄）17~25	女（年龄）26~50
108	110	100	122	125
115	117	95	128	131
		优秀		
121	123	90	134	1377
128	130	85	140	143
134	136	80	146	149
141	142	75	153	155
147	149	70	158	161
154	155	65	165	167
160	162	60	170	173
167	168	55	177	179
		一般		
173	174	50	183	185
180	181	45	189	191
186	187	40	195	197
193	193	35	212	213
199	200	30	217	219
206	206	25	224	225
212	213	20	229	231
219	219	15	236	237
225	225	10	242	243
232	232	5	249	249
238	238	0	256	256

（傅立功，陈琦，杨贵林.健身运动处方.北京：华夏出版社，1993.）

（四）12 分钟跑测验

受试对象：男、女

测试规格：做充分的准备活动后尽力跑 12 分钟。在规定时间末使尽全身力气，以准确预测有氧运动能力（为达到这一效果，可在限制时间内尽可能快地跑 2~3 次）

测试场地：室外 400 米跑道或有 100 米距离标记的室内跑道

测试方法：在给出指令开始跑后，要计算所跑圈数。在 12 分钟末，根据跑的圈数算出所跑距离。计算预计最大耗氧量，将数据记入得分表。见表 5-2-8 所示。然后从表 5-2-9 中查到相应的得分

测试单位：米 /12 分钟

测试器材：发令枪（发令哨）、秒表、号码布

表 5-2-8 得分表

姓名 _____ 性别 _____ 年龄 _____ 日期 _____
测验 3：
12 分钟跑测试
跑的全长 = 跑 1 圈长（米 /m）× 跑的圈数 + 最后一圈跑距 = _____ 米（m）   跑的均速 = 跑的全长（米 /m）÷ 12（分钟 /min）= _____ 米 / 分钟（m/min）   预计最大耗氧量 =33.3 毫升 / 千克 / 分钟 +［跑的均速（米 / 分钟）-150 米 / 分钟］× 0.21 毫升 / 千克 / 分钟
（说明：这里的 33.3 毫升 / 千克 / 分钟（ml/kg/min）是以 150m/min 速度跑时的需氧量，0.21ml/kg/mm 是以超过 150 米 / 分钟的速度跑时的耗氧量。）
12 分钟跑测评分（由表 5-2-9 查得）：_____

表 5-2-9 预算最大耗氧量（毫升 /kg/ 分）的得分

男（年龄）						得分	女（年龄）					
17~19	20~29	30~39	40~49	50~59	60~65		17~19	20~29	30~39	40~49	50~59	60~65
67.9	63.1	54.0	47.4	43.8	40.1	100	46.2	44.5	41.6	38.7	36.3	32.1
60.8	56.2	48.7	42.9	39.2	35.6	95	42.7	40.5	37.7	34.5	31.2	27.8

续表

男（年龄）						得分	女（年龄）					
17~19	20~29	30~39	40~49	50~59	60~65		17~19	20~29	30~39	40~49	50~59	60~65
59.4	54.9	47.6	42.0	38.3	34.7	90	42.0	39.7	37.0	33.7	30.2	27.0
57.7	53.2	46.3	40.9	37.2	33.6	85	41.1	38.7	36.0	32.6	28.9	25.9
56.6	52.2	45.5	40.3	36.5	32.9	80	40.6	38.1	35.5	32.0	28.2	25.3
55.7	51.4	44.8	39.7	35.9	32.3	75	40.2	37.7	35.0	31.5	27.6	24.8
54.9	50.6	44.3	39.2	35.4	31.8	70	39.8	37.2	34.5	31.0	27.0	24.3
54.3	50.0	43.2	38.8	35.0	31.4	65	39.4	36.8	34.2	30.6	26.5	23.9
53.5	49.3	43.2	38.3	34.5	30.9	60	39.0	36.4	33.8	30.2	26.0	23.4
52.2	48.0	42.2	37.5	33.6	30.1	50	38.3	35.7	33.1	29.4	25.0	22.6
51.5	47.4	41.7	37.0	33.2	29.6	45	38.1	3.3	32.7	29.0	24.6	22.2
50.9	46.8	41.2	36.6	32.8	29.2	40	37.7	35.0	32.4	28.7	24.1	21.9
50.2	46.1	40.7	36.2	32.3	28.7	35	37.4	34.6	32.0	28.7	24.1	21.9
49.5	45.4	40.2	35.8	31.9	28.3	30	37.0	34.2	31.6	27.8	23.1	21.0
48.7	44.7	39.6	35.3	31.4	27.8	25	36.6	33.8	31.2	27.4	22.5	20.5
46.7	42.8	38.1	34.0	30.1	26.6	15	35.7	32.7	30.1	26.2	21.1	19.4
45.0	41.1	36.8	32.9	29.0	25.4	10	34.8	31.7	29.1	25.2	19.9	18.3
43.6	39.8	35.8	32.0	28.1	24.5	5	34.1	30.9	28.4	24.4	18.9	17.5
36.5	33.0	29.4	27.5	23.5	20.0	0	30.6	27.0	24.5	20.2	13.8	13.2

（傅立功，陈琦，杨贵林.健身运动处方.北京：华夏出版社，1993.）

信息卡

表 5-2-10 民航安全员体能测试标准

项目	合格标准	考核要求
3000 米跑	14'30"	①发出"出发信号"后方能起跑。 ②应在跑道内完成跑进。
100 米跑	13"	①发出"出发信号"后方能起跑。 ②应在本道次内完成跑进。

续表

项目	合格标准	考核要求
单杠引体向上	8个	①双手正握杠，引体时，下颌超过杠面，回落时成直臂悬垂动作。 ②除双手握杠外，身体任何部位不得触及地面和其他物体。
双杠屈臂伸	15个	①屈臂时肩关节低于肘关节，伸臂时成直臂撑杠动作。 ②完成动作过程中，身体不允许做摆动动作。 ③除双手握杠外，身体任何部位不得触及地面和其他物体。
仰卧起坐	45个/2′	①坐于垫子上，两腿伸直并拢，双手手指交叉抱于脑后，双踝被压，做收腹坐起动作。 ②上体后倒时双肩触及垫子。 ③上体屈体时躯干与腿部夹角小于90度动作。
立卧撑	26个/1′	①站立姿势开始，下蹲成蹲撑，双脚后伸成俯撑，双脚收回还原成蹲撑，起身还原成站立姿势。 ②俯撑时身体呈一条直线。 ③蹲撑到俯撑、俯撑到蹲撑时，双脚应同时进行。

励志小故事

弘扬中国女足精神，磨炼强大意志品质

意志品质是指包括果断性、自觉性、坚韧性和自制性等在内的人的意志诸因素的总和。据统计，在一场足球比赛中，运动员需要在近8000平方米的场上奔跑90分钟，跑动距离一般为6000米以上，而且还要完成上百个有球、无球的技术动作，运动员的体能消耗很大。

足球比赛是技战术、团队意识的较量，也是精神和意志的比拼。在印度孟买举行的2022女足亚洲杯决赛上，中国女足4∶0战胜中国台北队，7∶0大胜伊朗队，3∶1逆转越南队，120分钟6∶5战胜日本队，3∶2战胜韩国队……

比赛场上90分钟或120分钟的角逐里，每一次盘带、每一脚传球、每一次射门、每一个扑救，落后时不放弃不认输、白热化阶段能全力以赴，分分秒秒的比拼何尝不是中国女足坚强意志品质的集中呈现？这种良

好的意志品质更得益于平日里的每一次训练。

中国女足主教练水庆霞表示:"面对强队要有魄力,打出自己的精气神。"亚洲足球小姐、中国女足队员王霜曾经说:"我们每一堂课训练都是10 000米以上的跑动距离,我们即使是冲她们,也能把她们冲垮"。正是这种顽强不屈的意志力,才让中国女足队员们落后时不气馁,拼搏进取,不到最后一刻不放弃。

图书在版编目（CIP）数据

空乘人员形体及体能训练 / 洪涛，王娜主编. -- 6版. -- 北京：旅游教育出版社，2022.4（2024.12重印）
民航空中乘务专业系列教材
ISBN 978-7-5637-4376-6

Ⅰ.①空… Ⅱ.①洪… ②王… Ⅲ.①民用航空－乘务人员－形体－训练－教材②民用航空－乘务人员－身体训练－教材 Ⅳ.①F560.9

中国版本图书馆CIP数据核字(2022)第004609号

"十四五"职业教育辽宁省规划教材
民航空中乘务专业系列教材

空乘人员形体及体能训练
（第6版）

洪涛　王娜　主编

策　　划	李红丽
责任编辑	李红丽
出版单位	旅游教育出版社
地　　址	北京市朝阳区定福庄南里1号
邮　　编	100024
发行电话	（010）65778403　65728372　65767462（传真）
本社网址	www.tepcb.com
E-mail	tepfx@163.com
排版单位	北京旅教文化传播有限公司
印刷单位	天津雅泽印刷有限公司
经销单位	新华书店
开　　本	710毫米×1000毫米　1/16
印　　张	17.75
字　　数	232千字
版　　次	2022年4月第6版
印　　次	2024年12月第3次印刷
定　　价	49.80元

（图书如有装订差错请与发行部联系）

Memo